講談社文庫

すらすら読める歎異抄

ひろさちや

講談社

はじめに

現代日本の社会は大きな曲り角にあります。人々は言い知れぬ不安に怯《おび》えています。かつて、経済が高度成長を遂げている時代にあっては、人々はそれほど不安を感じないで済みました。まじめに、コツコツと努力さえすれば、まあ悪いようにはならないと信じることができたのです。

じつをいえば、高度経済成長社会においては、全員の生活が量的に向上します。もっとも、ある人は百倍になるかと思えば、ある人は一・二倍ぐらいにしかなっていません。実質的にいえば一・二倍の人はマイナスであるのですが、見かけの上ではプラスになっています。それで、努力さえすればその成果はあると錯覚されていたのです。実際は努力しない人も、生活が量的に向上していたのですから、努力が成功の要因ではなかったのですが、人々はそのことに気づかなかったのです。

けれども、経済成長がストップし、またバブルがはじけたころから、日本の社会は不安だらけになりました。まじめに努力し、何もこれといって悪いことをしていない人が、リストラの憂き目にあっています。一所懸命に勉学に励んでいる学生が、就職できないといったこともあります。

高度経済成長時代に日本人が培《つちか》ってきた一つの信仰、それは、

――まじめに努力さえしていれば、決して悪いようにはならない――

といった信念ですが、それが信じられなくなったのです。

いったい、われわれは何を信じたらいいのだろうか……？　それが現代日本人の持つ疑問です。

そこで、わたしは思い出します。あるイスラム教徒が言った言葉です。

「信じることのできないものを信じて、そのあげく、〝わたしは裏切られた〟とほざいている人がいますが、それは、裏切られるようなものを信じた、その人が馬鹿なんです」

つまり、われわれ日本人は、信じてはいけないものを信じていたのです。

では、信じていいものとは何でしょうか……？
人間が信じるべきものとは何か？
そもそも信じるということは、どういうことでしょうか……？
その問いに答えてくれているのが『歎異抄《たんにしょう》』です。
わたしは、そういう角度から『歎異抄』を読みたいと思っています。

合掌

二〇〇三年六月

ひろ　さちや

目次

はじめに

歎異抄

序文――竊かに愚案を廻らして、粗古今を勘うるに――「第一歎異抄」まえがき――15
第一段――弥陀の誓願不思議にたすけられまひらせて――念仏を称えようと思った瞬間に――17
第二段――おの〳〵十余ケ国のさかひをこえて――法然上人の教えを信じるだけ――19
第三段――善人なをもて往生をとぐ、いはんや悪人をや――阿弥陀仏の本願は悪人往生――25
第四段――慈悲に聖道・浄土のかはりめあり――念仏だけが徹底した大慈悲心――29
第五段――親鸞は、父母の孝養のためとて、一返にても――父母のために念仏を称えず――31
第六段――専修念仏のともがらの、わが弟子ひとの弟子――親鸞は弟子一人ももたず――33
第七段――念仏者は無碍の一道なり――念仏はさまたげなき絶対の道――37

第八段――念仏は行者のために非行・非善なり――念仏は行でもなく善でもない――38
第九段――念仏まふしさふらへども、踊躍歓喜のこゝろ――浄土が恋しくないのはなぜか――39
第十段前――念仏には無義をもて義とす――はからいを超えた念仏――45
第十段後――そも〳〵かの御在生のむかし――「第二歎異抄」まえがき――46
第十一段――一文不通のともがらの念仏まふすにあふて――誓願・名号の不思議は一体不二――48
第十二段――経釈をよみ学せざるともがら、往生不定のよし――他力念仏に学問はいらない――53
第十三段――弥陀の本願不思議におはしませばとて――悪にこだわらず本願をたのむ――65
第十四段――一念に八十億劫の重罪を滅すと信ずべし――念仏は滅罪のためではない――79
第十五段――煩悩具足の身をもて、すでにさとりをひらく――浄土に着いてから悟りを開く――86
第十六段――信心の行者、自然にはらをもたて――念仏者の廻心は一度しかない――92
第十七段――辺地往生をとぐるひと、つゐには地獄におつべし――阿弥陀仏は不信心な者も迎えとる――99
第十八段――仏法のかたに、施入物の多少にしたがひて――布施の多少よりも信心――102
結文――右条々は、みなもて信心のことなるより――涙を流しつつ筆をとる――106
附録――後鳥羽院の御宇、法然聖人他力本願念仏宗を興行――親鸞流罪の記録――124
奥書――右、この聖教は、当流大事の聖教たるものなり――蓮如の書き入れ――127

『歎異抄』はどんな本か
法然べったりの親鸞 130
実践の人＝法然、思索の人＝親鸞 132
「非僧非俗」の道を歩んだ親鸞 135
『歎異抄』の作者と組織 138
『歎異抄』の位置づけ 143

『歎異抄』をどう読むか
一 悪人について
蜘蛛の糸をのぼるのがオーソドックスな仏教 148
善行によっては救われない悪人 152
善人とは自己の善行によって救われると錯覚している人 157
本願ぼこりはいけないのか？ 160

二　往生について
『歎異抄』のメイン・テーマは「往生」　164
この世にいながらすでに極楽世界の人　167
煩悩のままに生きていいんだよ　171
三　『歎異抄』と現代人
心の中にお浄土を持つのが「平生業成」　175
人間が商品化されてしまった現代日本の悲劇　178
この世のことはすべてが「虚仮」　182
お浄土へのお土産は「美しい思い出」　185
おわりに
参考文献

すらすら読める歎異抄

歎異抄

一、本書に収録した原文は、親鸞聖人全集刊行会編『定本親鸞聖人全集』第四巻・言行篇（昭和四十四年、法蔵館発行）所収の「歎異抄」に拠った。同書は(西)本願寺蔵蓮如上人書写本を底本としたものである。

一、本書では、読みやすくするために、適宜改行をほどこし、漢字と踊り字および歴史的かなづかいのかな字に、現代かなづかいによる振りがなを付けた。また漢字は原則として現行の「常用漢字」「人名用漢字」の字体を使用した。なお、蓮如本は濁点のないカタカナで書かれており、句読点や・『』などの記述記号はない。

一、〔〕内の字句は、蓮如本にはないが、大谷大学蔵（端坊旧蔵）永正十六年書写本などによって補ったものである。また〔序文〕〔第一段〕～〔結文〕〔附録〕〔奥書〕などの見出しは原本にはない。

一、序文・附録・奥書は、原典では和風の漢文体で書かれているが、本書では読み下し文のみを掲出した。

〔序文〕

窃《ひそ》かに愚案《ぐあん》を廻《めぐ》らして、粗古今《ほぼここん》を勘《かんが》うるに、先師《せんし》の口伝《くでん》の真信《しんしん》に異《こと》なることを歎《なげ》き、後学相続《こうがくそうぞく》の疑《ぎ》惑《わく》あることを思《おもう》ふに、幸《さいわい》に有縁《うえん》の知識《ちしき》に依《よ》らずば、争《いか》でか易行《いぎょう》の一門《いちもん》に入《い》ることを得《え》んや。全《また》く自《じ》

「第一歎異抄」まえがき

愚かな考えではあるが、昔と今とを比較してよくよく考えてみますと、どうも親鸞聖人《しんらんしょうにん》がお語りになられた真実の信心とちがった考えがなされているようで、歎《なげ》かわしくてなりません。これでは、のちのちの人々がとまどうでありましょう。親鸞聖人の教えは易行《いぎょう》、すなわちどんな凡夫《ぼんぶ》でも行ずることのできる

見《けん》の覚語《かくご》を以《も》て、他力《たりき》の宗旨《しゅうし》を乱《みだ》ることなかれ。

仍《よ》て故《こ》親鸞聖人《しんらんしょうにん》の御物語《おんものがたり》の趣《おもむき》、耳《みみ》の底《そこ》に留《とど》むる所《ところ》、聊《いささ》か之《これ》を注《しる》す。偏《ひとえ》へに同心行者《どうしんぎょうじゃ》の不審《ふしん》を散《さん》ぜんが為《ため》なりと云々《うんぬん》。


道であり、他力《たりき》の教えであったが、しかしその易行の仏法に入るためにはまことの師の導きを必要とする。自分勝手なまま悟りでもって、この他力の仏法を歪《ゆが》めてはならない。

そう思って、なくなられた親鸞聖人が生前お話しくださった教えの要旨を、わたしの耳の底に記憶する範囲で書きつけてみた。それというのも、同じこころでもって念仏の道を歩もうとする人々の疑問を、できるだけはらしたいがためである。

〔第一段〕

一《ひとつ》。弥陀《みだ》の誓願不思議《せいがんふしぎ》にたすけられまひ《い》らせて往生《おうじよう》をばとぐるなりと信《しん》じて、念仏《ねんぶつ》ま《も》ふ《う》さんとおもひ《い》たつこゝ《こ》ろのおこるとき、すなは《わ》ち摂取不捨《せつしゆふしや》の利益《りやく》にあづ《ず》けしめたま《も》ふ《う》なり。

念仏を称えようと思った瞬間に

阿弥陀仏《あみだぶつ》の誓願の不思議な力にたすけられて、わたしのような凡夫《ぼんぶ》でも必ず往生できるのだと信じて、お念仏を称《とな》えようと思う心が起きたその瞬間、わたしたちはもれなく阿弥陀仏のお浄土に救いとられているのである。

弥陀《みだ》の本願《ほんがん》には、老少《ろうしょう》・善悪《ぜんまく》のひとをえらばれず、たゞ信心《しんじん》を要《よう》とすとしるべし。そのゆへ《え》は、罪《ざい》悪深重《あくじんじゅう》、煩悩熾盛《ぼんのうしじょう》の衆生《しゅじょう》をたすけんがための願《がん》にまします。

しかれば本願《ほんがん》を信《しん》ぜんには、他《た》の善《ぜん》も要《よう》にあらず、念仏《ねんぶつ》にまさるべき善《ぜん》なきゆへ《え》に。悪《あく》をもおそる

阿弥陀仏の本願は、年齢や善悪によって凡夫を差別せず、ただ信心だけがあればよい。なぜなら、仏の本願は、罪の重い凡夫、煩悩《ぼんのう》をどうすることもできぬわれら凡夫を救ってやろうとするものだからである。

だからこそ、その本願だけを信じておればよいので、他の善行など必要としない。いや、念仏よりすぐれた善行など、ありえぬのだ。また、悪をおそれる必要もない、仏の本願をさまたげるほどの悪など、どこにも

べからず、弥陀《みだ》の本願《ほんがん》をさまたぐるほどの悪《あく》なきゆへ《え》にと云々《うんぬん》。

〔第二段〕

一《ひとつ》。おの〳〵《おのおの》十余ケ国《じゅうよかこく》のさかひ《い》をこえて、身命《しんみょう》をかへ《え》りみずしてたづ《ず》ねきたらしめたまふ《もう》御《おん》こゝ《こ》ろざし、ひとへ《え》に往生極楽《おうじょうごくらく》のみちを

ないからである。そう親鸞聖人《しんらんしょうにん》は言われた。

法然上人の教えを信じるだけ

常陸《ひたち》から下総《しもうさ》・武蔵《むさし》・相模《さがみ》・伊豆《いず》・駿河《するが》・遠江《とおとうみ》・三河《みかわ》・尾張《おわり》・伊勢《いせ》・近江《おうみ》・山城《やましろ》と、十余カ国の道を遠しとせず、いのちがけの旅をつづけて、あなたがたがわたしを訪ねて来られた目

とひ《い》きかんがためなり。しかるに、念仏《ねんぶつ》よりほかに往生《おうじょう》のみちをも存知《ぞんじ》し、また法文等《ほうもんとう》をもしりたるらんと、こゝ《こ》ろにくゝ《く》おぼしめしておはし《わ》ましてはんべらんは、おほ《お》きなるあやまりなり。もししからば、南都《なんと》・北嶺《ほくれい》にもゆゝ《ゆ》しき学生《がくしょう》たち、おほ《お》く座《おわ》せ

的は、極楽浄土に往生できる道を教わらんとしてのことである。

しかしながら、わたしがお念仏以外の往生の手段を知り、また経典類の文句も知っているだろうと勝手に思われているようだが、それはとんでもない誤りである。それを教わりたいのであれば、奈良や比叡山《ひえいざん》に立派な学者が大勢おられるのだから、その人々にお会いして往生の道を教えていただくとよい。

られてさふらう《そうろう》なれば、かのひとにもあひ《い》たてまつりて、往生《おうじょう》の要《よう》よく〳〵《よく》きかるべきなり。

親鸞《しんらん》におきては、たゞ念仏《ねんぶつ》して弥陀《みだ》にたすけられまひ《い》らすべしと、よきひとのおほせ《お》をかふり《*ぶ》て信《しん》ずるほかに、別《べつ》の子細《しさい》なきなり。

親鸞《しんらん》においては、ただお念仏を称《とな》えて阿弥陀仏《あみだぶつ》にたすけていただくばかりであると、法然上人《ほうねんしょうにん》にお教えいただいたことを信ずるほか、なにもない。

＊かふり　大谷本には「かふむり」とある。

念仏《ねんぶつ》は、まことに浄土《じょうど》にむまる《る》、たねにてやはんべらん、また地獄《じごく》におつべき業《ごう》にてやはんべるらん。惣《そう》じてもて存知《ぞんじ》せざるなり。たとひ《い》法然聖人《ほうねんしょうにん》にすかされまひ《い》らせて、念仏《ねんぶつ》して地獄《じごく》におちたりとも、さらに後悔《こうかい》すべからずさ《そ》ふ《う》ら《ろ》う。そのゆへ《え》は、自余《じよ》の行《ぎょう》も

お念仏をしてほんとうにお浄土に生まれることができるか、それとも地獄に堕《お》ちる業《ごう》となるか、そんなことに関心をもたぬ。よしんば法然上人にだまされて、念仏した結果地獄に堕ちたとしても、わたしに後悔はない。なんとなれば、念仏以外の修行をやって、それで仏となれるはずの身が、念仏をしたために地獄に堕ちたのであれば、そのときは「だまされた」という後悔も起きるかもしれぬ。しかし、このわたしは、どんな修行

はげみて仏《ぶつ》になるべかりける身《み》が、念仏《ねんぶつ》をまふ《もう》して地獄《じごく》にもおちてさふ《そう》らはゞ《わば》こそ、すかされたてまつりてといふ《う》後悔《こうかい》もさふ《そう》らは《わ》め。いづ《ず》れの行《ぎょう》もおよびがたき身《み》なれば、とても地獄《じごく》は一定《いちじょう》すみかぞかし。

弥陀《みだ》の本願《ほんがん》まことにおは《わ》しまさ

もできぬ身だから、それなら地獄がはじめからわたしに定められた棲処《すみか》なのだ。

阿弥陀仏の本願が真実であれ

ば、釈尊《しやくそん》の説教《せつきよう》 虚言《きよごん》なるべからず。仏説《ぶつせつ》まことにおは《わ》しまさば、善導《ぜんどう》の御釈《おんしやく》 虚言《きよごん》したまふ《もう》べからず。善導《ぜんどう》の御釈《おんしやく》まことならば、法《ほう》然《ねん》のおほ《お》せそらごとならんや。法《ほう》然《ねん》のおほ《お》せまことならば、親鸞《しんらん》がまふ《もう》すむね、またもてむなしかるべからずさふら《そうろ》う歟《か》。

ば、釈尊《しやくそん》の教えに嘘《うそ》はない。釈尊の教えがまことであれば、善《ぜん》導大師《どうだいし》の御注釈（善導大師は中国浄土教の大成者。その御注釈とは、『観無量寿経疏《かんむりようじゆきようしよ》』四巻のこと）に誤りはない。善導大師の御注釈が真実であれば、どうして法然上人の仰せが空《むな》しいだろうか。法然上人の仰せがまことであれば、この親鸞が語ることもまた空しいはずがないではないか。

詮《せん》ずるところ、愚身《ぐしん》の信心《しんじん》におきてはかくのごとし。このうへ《え》は、念仏《ねんぶつ》をとりて信《しん》じたてまつらんとも、またすてんとも、面々《めんめん》の御《おん》はからひなり《い》と云々《うんぬん》。

〔第三段〕

一《ひとつ》。善人《ぜんにん》なを《お》もて往生《おうじょう》をとぐ、

つまるところ、わたしの信心はこれだけである。このうえは、念仏を信じようと捨てられようと、それぞれの勝手である。親鸞聖人《しょうにん》はそう語られた。

阿弥陀仏の本願は悪人往生

善人が往生できるのだから、

いは《わ》んや悪人《あくにん》をや。しかるを、世《よ》のひとつねにいは《わ》く、悪人《あくにん》なを《お》往《おう》生《じょう》す、いかにいは《わ》んや善人《ぜんにん》をや。この条《じょう》一旦《いったん》そのいは《わ》れあるににたれども、本願《ほんがん》他力《たりき》の意趣《いしゅ》にそむけり。

そのゆへ《え》は、自力作善《じりきさぜん》のひとは、ひとへ《え》に他力《たりき》をたのむこゝ《こ》ろ

悪人が往生できるのはあたりまえなんだ。それなのに世間の人々は、悪人でさえ往生できるのなら、善人が往生できるのは理の当然と言っている。この世間の人々の言い種《ぐさ》は、ちょっと見には筋が通っているようだが、阿弥陀仏《あみだぶつ》の本願と他力《たりき》の教えと矛盾するものである。

なぜなら、自分の力で善行をやろうとする者は、他力にたよろうとする心がどうしても弱くなるのであって、阿弥陀仏の本願はこういう人々のためのもの

かけたるあひだ《い》、弥陀《みだ》の本願《ほんがん》にあらず。しかれども、自力《じりき》のこゝろ《こ》をひるがへ《え》して、他力《たりき》をたのみたてまつれば、真実報土《しんじつほうど》の往生《おうじょう》をとぐるなり。

煩悩具足《ぼんのうぐそく》のわれらは、いづ《ず》れの行《ぎょう》にても生死《しょうじ》をはなるゝ《る》ことあるべからざるを、あはれ《わ》みたまひ《い》て

ではない。しかしながら、自力の心を捨てて他力を信ずれば、お浄土のどまんなかに往生できるのである。

煩悩《ぼんのう》につきまとわれたわたしたちが、この生死の苦しみの世界からいかなる修行によっても脱却できないでいるのを憐《あわ》れに

願《がん》をおこしたまふ本意《ほんい》、悪人成仏《あくにんじょうぶつ》のためなれば、他力《たりき》をたのみたてまつる悪人《あくにん》、もとも往生《おうじょう》の正因《しょういん》なり。よて善人《ぜんにん》だにこそ往生《おうじょう》すれ、まして悪人《あくにん》はと、おほせさふらひ《おおせそうらい》き。

思って、阿弥陀仏が願《がん》をたててくださったのであり、だとすればその仏の願の本意は悪人を仏にしてやろうというものである。したがって、他力にすがろうとする悪人が、お浄土に往生させてもらえる真の対象者なのだ。それゆえ、善人も往生できるのだから、まして悪人が往生するは当然のことだと、言われました。

〔第四段〕

一《ひとつ》。慈悲《じひ》に聖道《しょうどう》・浄土《じょうど》のかは《わ》りめあり。聖道《しょうどう》の慈悲《じひ》といふ《う》は、ものをあは《わ》れみ、かなしみ、はぐ《く》ゝむなり。しかれども、おもふ《う》がごとくたすけとぐること、きは《わ》めてあり

念仏だけが徹底した大慈悲心

聖道門《しょうどうもん》と浄土門とでは、慈悲の考え方がちがっている。

聖道門で慈悲というのは、対象を憐《あわ》れみ、悲しみ、保護してやろうとするものだ。しかしながら、思いのままに他人をたすけてあげることは、まずはできそうにない。

がたし。
浄土《じょうど》の慈悲《じひ》といふ《う》は、念仏《ねんぶつ》して
いそぎ仏《ぶつ》になりて、大慈大悲心《だいじだいひしん》を
もて、おもふ《う》がごとく衆生《しゅじょう》を利益《りやく》
するをいふ《う》べきなり。
今生《こんじょう》に、いかにいとをし《お》不便《ふびん》と
おもふ《う》とも、存知《ぞんじ》のごとくたすけ
がたければ、この慈悲始終《じひしじゅう》なし。

そこで浄土門では、慈悲は、お念仏をして自分自身が急いで仏になり、その仏の大慈悲心をもって自由自在に衆生をたすけてあげることをいうのだ。

いまこの世にあって、どれだけ他人に同情し、相手を気の毒に思っても、完全な意味で他者をたすけてあげることができぬのであって、そういう慈悲はしょせん中途半端なのだ。

だとすれば、ただただお念仏

しかれば、念仏《ねんぶつ》まふ《もう》すのみぞ、すえとをり《お》たる大慈悲心《だいじひしん》にてさふ《そう》らう《ろ》べきと云々《うんぬん》。

〔第五段〕

一《ひとつ》。親鸞《しんらん》は、父母《ぶも》の孝養《きょうよう》のためとて、一返《いっぺん》にても念仏《ねんぶつ》まふ《もう》したることいまださふ《そう》らは《わ》ず。

することだけが、徹底した大慈悲心である。親鸞聖人《しんらんしょうにん》はそう言われた。

父母のために念仏を称えず

親鸞《しんらん》は、父母の追善供養のためにお念仏を称《とな》えたことは、これまで一度もない。

そのゆへ《え》は、一切《いつさい》の有情《うじよう》はみなもて、世々生々《せせしようじよう》の父母兄弟《ぶもきようだい》なり。いづ《ず》れも〳〵《いずれも》この順次生《じゆんじしよう》に仏《ぶつ》になりてたすけさふらう《そうろう》べきなり。

わがちからにてはげむ善《ぜん》にてもさふらはゞ《そうわば》こそ、念仏《ねんぶつ》を廻向《えこう》してこそ父母《ぶも》をもたすけさふらは《そうろうわ》め。

なぜなら、この世の一切の衆生が、わたしが流転輪廻《るてんりんね》をつづけていたあいだの父母兄弟だからである。どの人もどの人も、わたしが来世に仏となってたすけてあげるべき人である。

念仏が自力《じりき》の善であれば、わたしの念仏を廻向《えこう》して父母をたすけることができるであろう。

けれども、お念仏は絶対の他《た》力《りき》である。念仏者は自力の考えを捨てて、急いでお浄土に往《い》って悟りを開いて仏となることだ。そうして、その仏にそなわ

たゞ自力《じりき》をすて《て》ゝ、いそぎさとりをひらきなば、六道《ろくどう》・四生《ししょう》のあひだ、いづれ《いず》の業苦《ごうく》にしづめ《ず》りとも、神通方便《じんずうほうべん》をもて、まづ有縁《ずうえん》を度《ど》すべきなりと云々《うんぬん》。

〔第六段〕

一《ひとつ》。専修念仏《せんじゅねんぶつ》のともがらの、わ

っている自由自在なる衆生救済のはたらきでもって、この輪廻の世界に苦しんでいる一切の縁ある衆生を救ってあげるべきである。そう親鸞聖人《しょうにん》は語られた。

親鸞は弟子一人ももたず

ひたすらにお念仏の道を歩ん

が弟子《でし》ひとの弟子《でし》といふ《う》相論《そうろん》のさ《そ》ふ《う》ら《ろ》うらんこと、もてのほかの子《し》細《さい》なり。

親鸞《しんらん》は弟子《でし》一人《いちにん》ももたずさ《そ》ふ《う》ら《ろ》う。そのゆへ《え》は、わがはからひ《い》にて、ひとに念仏《ねんぶつ》をま《も》ふ《う》させさ《そ》ふ《う》らは《わ》ゞ《ば》こそ、弟子《でし》にてもさ《そ》ふ《う》らは《わ》め。弥陀《みだ》の御《おん》もよ《お》ほしにあづ《ず》かて

でいる仲間のあいだで、あれはわが弟子、これはひとの弟子といった言い争いのあること、これはもってのほかのことだ。

親鸞《しんらん》には一人の弟子だってない。なぜとならば、わたしがめんどうをみてやってその人にお念仏をさせたのであれば、その人はわたしの弟子であろう。しかし、ただ阿弥陀仏《あみだぶつ》のおはからいによってお念仏をしている人を、わたしの弟子と言うことは、とんでもない思いちがいである。

念仏《ねんぶつ》ま《も》ふ《う》しさ《そ》ふ《う》ら《ろ》うひとを、わが弟《で》子《し》とま《も》ふ《う》すこと、きは《わ》めたる荒《こう》涼《りよう》のことなり。

つくべき縁《えん》あればともなひ《い》、はなるべき縁《えん》あればはなるゝ《る》ことのあるをも、師《し》をそむきて、ひとにつれて念仏《ねんぶつ》すれば、往生《おうじよう》すべからざるものなりなんどいふ《う》こと、不《ふ》

一緒になるご縁があれば接近し、遠く離れるのが縁であれば、そのときは離れるだけのことなのに、師にさからい、他の人の指導によって念仏すれば往生できないと主張したりするの

可説《かせつ》なり。如来《にょらい》よりたまはり《わ》たる信心《しんじん》をわがものがほ《お》にとりかへ《え》さんとまふ《もう》すにや。かへ《え》すぐ《がえす》も、あるべからざることなり。

自然《じねん》のことはり《わ》にあひ《い》かなは《わ》ゞ、仏恩《ぶつとん》をもしり、また師《し》の恩《おん》をもしるべきなりと云々《うんぬん》。


は、まさに言語道断である。阿弥陀如来よりいただいた信心を、あたかも自分が与えてやったかのような顔をして取り戻さんとするのであろうか。どう考えても、成り立たぬことだ。

仏の本願の然《しか》らしむるところであれば、だれだって仏の恩を知り、また師の恩を知るはずである。親鸞聖人《しょうにん》はそう言われた。

〔第七段〕

一《ひとつ》。念仏者《ねんぶつしゃ》は無碍《むげ》の一道《いちどう》なり。

そのいは《わ》れいかんとならば、信《しん》心《じん》の行者《ぎょうじゃ》には、天神《てんじん》・地祇《ちぎ》も敬伏《きょうぶく》し、魔界《まかい》・外道《げどう》も障碍《しょうげ》することなし。罪悪《ざいあく》も業報《ごうほう》を感《かん》ずることあたは《わ》ず、諸善《しょぜん》もおよぶことなきゆへ《え》

念仏はさまたげなき絶対の道

念仏者はさまたげなき絶対の道を行く。

なぜなら、信心の念仏者には天の神・地の神も敬服し、悪魔も外道《げどう》も彼を妨害できぬ。みずからの罪悪の報いに悩むことはなく、またいかなる善も念仏におよぶものはないので、念仏はさまたげなき一道《いちどう》である。そう

なりと云々《うんぬん》。

〔第八段〕

一《ひとつ》。念仏《ねんぶつ》は行者《ぎょうじゃ》のために非行《ひぎょう》・非《ひ》善《ぜん》なり。わがはからひにて行《ぎょう》ずるにあらざれば非行《ひぎょう》といふ、わがはからひにてつくる善《ぜん》にもあらざれば非《ひ》善《ぜん》

親鸞聖人《しんらんしょうにん》は言われた。

念仏は行でもなく善でもない

念仏は、念仏者にとっては、行《ぎょう》でもなければ善でもない。自分のはからいで称《とな》えるものではないから、行でないという。自分のはからいでやる善ではないから、善でないという。ただ仏の力によって称えさせて

といふ《う》。ひとへ《え》に他力《たりき》にして自力《じりき》をはなれたるゆへ《え》に、行者《ぎょうじゃ》のためには非行《ひぎょう》・非善《ひぜん》なりと云々《うんぬん》。

〔第九段〕

一《ひとつ》。念仏《ねんぶつ》まふ《もう》しさふら《そうら》へ《え》ども、踊躍歓喜《ゆやくかんぎ》のこゝ《こ》ろおろそかにさふ《そう》らふ《ろう》こと、またいそぎ浄土《じょうど》へまひ《い》

いただくもので、自分の力が加わっていないから、念仏者にとって念仏は、行でもなく善でもないのだ。そう親鸞聖人《しんらんしょうにん》は語られた。

浄土が恋しくないのはなぜか

念仏は称《とな》えているのですが、天に踊り地に舞うほどの喜びが涌《わ》きでてきません。それに、急いでお浄土へ往《い》きたい気もしな

りたきこゝ《こ》ろのさふ《そう》らは《わ》ぬは、いかにとさふら《そうろ》うべきことにてさふ《そう》らう《ろ》やらんと、まふ《もう》しいれてさふ《そう》らひ《い》しかば、親鸞《しんらん》もこの不審《ふしん》ありつるに、唯円房《ゆいえんぼう》おなじこゝ《こ》ろにてありけり。

よく〱案《あん》じみれば、天《てん》におどり地《ち》におどるほどによろこぶべき

いのですが、これはどう考えればよいのでしょうかと問い尋ねましたところ、親鸞聖人《しんらんしょうにん》は次のように答えてくださいました。

――親鸞にだってそれは疑問であったが、唯円房《ゆいえんぼう》、あなたも同じ疑問をもっていたのだね。しかし、よくよく考えてみれば、天に踊り地に舞うほど喜ぶべきことを喜べないからこそ、むしろ往生が確定したと考えるべきではなかろうか。喜びを抑《おさ》えて喜ばせぬようにしているの

ことを、よろこばぬにて、いよいよ往生《おうじょう》は一定《いちじょう》〔と〕おもひたま《も》ふ《う》〔べき〕なり。よろこぶべきこゝ《こ》ろをおさへ《え》て、よろこばざる〔せ〕は煩悩《ぼんのう》の所為《しょい》なり。

しかるに、仏《ぶつ》かねてしろしめして、煩悩具足《ぼんのうぐそく》の凡夫《ぼんぶ》とおほ《お》せられたることなれば、他力《たりき》の悲願《ひがん》は、

は、煩悩《ぼんのう》のせいなのだ。

ところが仏はその点をあらかじめ知ったうえで、われわれを「煩悩をもった凡夫《ぼんぶ》」と言っておられるのであり、それゆえに仏の他力《たりき》の悲願はこのようなわ

かくのごと〔き〕*われらがためなりけりとしられて、いよ〳〵《いよ》たのもしくおぼゆるなり。

また浄土《じょうど》へいそぎまひ《い》りたきこゝ《こ》ろのなくて、いさゝ《さ》か所労《しょろう》のこともあれば、死《し》なんずるやらんとこゝ《こ》ろぼそくおぼゆることも、煩悩《ぼんのう》の所為《しょい》なり。

たしたち凡夫のためのものであったと納得ができ、ますます安心できるのである。

また、お浄土に急いで参りたい心がなく、ちょっとした病気にでもなれば、死にはせぬかと心細くなるのも、それも煩悩のためである。

*き　蓮如本・大谷本には「し」とあるが、永正十三年本（専精寺本）によった。

久《く》遠劫《おんごう》よりいまゝ《ま》で流転《るてん》せる苦《く》悩《のう》の旧里《くり》はすてがたく、いまだむまれざる安養《あんにょう》浄土《じょうど》はこひしからずさふらふ《そうろう》こと、まことによく〱《よく》煩悩《ぼんのう》の興盛《ごうじょう》にさふら《そうろ》うにこそ。なごりおしくおもへ《え》ども、娑《しゃ》婆《ば》の縁《えん》つきて、ちからなくしておはる《わ》ときに、かの土《ど》へはまひ《い》るべ

はるけき時間の彼方《かなた》から現在まで流転輪廻《るてんりんね》してきたこの迷いの世界は捨てにくく、まだ見たことのない極楽浄土は恋しくないということは、ほんとうによくよく煩悩が強いのだね。けれども、いくらなごりおしいと思っても、この娑婆《しゃば》の縁が尽きて、静かに生命の火の消えるときには、お浄土に往けるのだ

きなり。いそぎまひ《い》りたきこゝ《こ》ろなきものを、ことにあは《わ》れみたま《も》ふ《う》なり。

これにつけてこそ、いよ〱《いよ》大《だい》悲《ひ》大願《だいがん》はたのもしく、往生《おうじょう》は決《けつ》定《じょう》と存《ぞん》じさ《そ》ふ《う》らへ《え》。

踊躍歓喜《ゆやくかんぎ》のこゝ《こ》ろもあり、いそぎ浄土《じょうど》へもまひ《い》りたくさ《そ》ふ《う》らは《わ》ん

よ。それに仏は、急いでお浄土に往きたいと思わぬ凡夫をことさらに心配してくださっている。

だからこそ、わたしたちは仏の大悲願のありがたさを確信でき、往生はまちがいないと信じられるのだ。

天に踊り地に舞う喜びがあり、急いでお浄土に参りたいと思うようであれば、自分には煩悩なんてないのだろうかと疑わしくなりはしないだろうか。そう親鸞聖人は言われた。

には、煩悩《ぼんのう》のなきやらんとあ〔や〕しくさふらひなましと云々《うんぬん》。

〔第十段前〕

一《ひとつ》。念仏《ねんぶつ》には無義《むぎ》をもて義《ぎ》とす、不可称不可説不可思議《ふかしょうふかせつふかしぎ》のゆへ《え》にとおほせさふらひき《おおせそうらいき》。

はからいを超えた念仏

真のお念仏は、凡夫《ぼんぶ》のはからいを超越したところにある。凡夫にはお念仏が称《とな》えられないし、説くこともできぬし、あれこれ思慮することもできぬのだから。そのように親鸞聖人《しんらんしょうにん》は語られた。

〔第十段後〕

そもそも《そも》かの御在生《ございしょう》のむかし、おなじくこゝ《こ》ろざしをして、あゆみを遼遠《りょうえん》の洛陽《らくよう》にはげまし、信《しん》をひとつにして、心《こころ》を当来《とうらい》の報土《ほうど》にかけしともがらは、同時《どうじ》に御意趣《ごいしゅ》をうけたまはり《わ》しかども、そのひ

「第二歎異抄」まえがき

かつて、親鸞聖人《しんらんしょうにん》がまだご在世の昔、わたしたちは同じ決心をもって、はるばると京都まで苦難の旅をした。そして、信仰をひとつにし、心をただお浄土への往生にかけた仲間たちが、同時に親鸞聖人より教えをいただいたのであった。そのときの仲間たちにつき従って念仏して

と〲《びと》にともなひ《い》て念仏《ねんぶつ》まふ《う》さるゝ《る》老若《ろうにやく》そのかずをしらずおは《わ》しますなかに、上人《しょうにん》のおほ《お》せにあらざる異義《いぎ》どもを、近来《ちかごろ》はおほ《お》くおほ《お》せられあふ《おう》てさふら《そうろ》うよし、つたへ《え》うけたまは《わ》る、いは《わ》れなき条々《じょうじょう》の子細《しさい》のこと。

おられる数多い老若男女のうちには、最近、ご聖人の教えとはちがった異端の説を述べられる人が多くなったと聞いている。なんの根拠もない異説の詳細は、次のとおりである。

〔第十一段〕

一《ひとつ》。一文不通《いちもんふつう》のともがらの念仏《ねんぶつ》まふす《もう》にあふ《おう》て、なんぢ《じ》は誓願不《せいがんふ》思議《しぎ》を信《しん》じて念仏《ねんぶつ》まふす《もう》か、また名号不思議《みようごうふしぎ》を信《しん》ずるかといひ《い》おどろかして、ふたつの不思議《ふしぎ》の*子細《しさい》をも分明《ふんみよう》にいひ《い》ひらかずして、ひ

誓願・名号の不思議は一体不二

文字ひとつ読めぬ無学な人がお念仏を称《とな》えているのに対して、「あなたは阿弥陀仏《あみだぶつ》の誓願の不思議を信じてお念仏をしているのか、それとも〝南無《なむ》阿弥陀仏〟と称える名号《みようごう》の不思議を信じてお念仏をしているのか」と言っておどかし、そのくせその二つの不思議の詳細につい

*の　蓮如本には「を」とあるが、大谷本などの写本により訂正した。

とのこゝろをまどは《わ》すこと。この条《じょう》かへ《え》すぐ《がえす》もこゝ《こ》ろをとゞ《ど》めておもひ《い》わくべきことなり。

誓願《せいがん》の不思議《ふしぎ》によりて、やすくたもち、となへ《え》やすき名号《みょうごう》を案《あん》じいだしたまひ《い》て、この名字《みょうじ》をとなへ《え》んものをむかへ《え》とらんと御約束《おんやくそく》あることなれば、まづ《ず》弥陀《みだ》の大悲《だいひ》

てはなんら説明せずして、人々のこころを惑わしているとのことであるが、この点についてはしっかりと心をとめて、正しく理解しておかねばならない。

阿弥陀仏は、その誓願の不思議な力によって、われら凡夫《ぼんぶ》におぼえやすく、また称えやすい〝南無阿弥陀仏〟の名号を考案してくださり、そしてこの名号を称えた者を極楽浄土に迎えとってやろうと約束してくださったのである。だから、まずわた

大願《だいがん》の不思議《ふしぎ》にたすけられまひ《い》らせて生死《しょうじ》をいづ《ず》べしと信《しん》じて、念《ねん》仏《ぶつ》のまふ《もう》さるゝ《る》も、如来《にょらい》の御《おん》はからひ《い》なりとおもへ《え》ば、すこしもみづ《ず》からのはからひ《い》まじは《わ》らざるがゆへ《え》に、本願《ほんがん》に相応《そうおう》して実報土《じっぽうど》に往生《おうじょう》するなり。

これは誓願《せいがん》の不思議《ふしぎ》をむねと信《しん》

したちは、阿弥陀仏の大いなる悲願（誓願）の不思議にたすけられて迷いと苦悩のこの生死の世界を脱却できるのだと信ずればよい。また、わたしたちがお念仏を称えさせていただけるのも、じつはといえば阿弥陀如来がそうはからってくださったのであり、わたしたち自身の意志によるものではない。それゆえ、お念仏を称えることがそのまま阿弥陀仏の本願（誓願）にかなっているのであり、だからこそ真実のお浄土に往生できる

じたてまつれば、名号《みようごう》の不思議《ふしぎ》も具足《ぐそく》して、誓願《せいがん》・名号《みようごう》の不思議《ふしぎ》ひとつにして、さらにことなることなきなり。

つぎに、みづ《ず》からのはからひ《い》をさしはさみて、善悪《ぜんまく》のふたつにつきて、往生《おうじよう》のたすけさはり《わ》二様《ふたよう》におもふ《う》は、誓願《せいがん》の不思議《ふしぎ》をばたの

のだ。

ということは、誓願の不思議が基本であると信ずれば、名号の不思議もおのずからそこにそなわっているのであり、誓願の不思議と名号の不思議が一体不二となっている。

また次に、自分自身のはからいをさしはさんで、善だ悪だと二つに区別し、善は往生のたすけになり悪は往生のさわりとなると思うのは、仏の誓願の不思議に頼らずに、ただ自分の考えでもって往生のための修行を励

まずして、わがこゝ《こ》ろに往生《おうじょう》の業《ごう》をはげみてまふ《もう》すところの念仏《ねんぶつ》をも自行《じぎょう》になすなり。このひとは名《みょう》号《ごう》の不思議《ふしぎ》をもまた信《しん》ぜざるなり。信《しん》ぜざれども、辺地《へんじ》・懈慢《けまん》・疑城胎宮《ぎじょうたいぐ》にも往生《おうじょう》して、果遂《かすい》の願《がん》のゆへ《え》につゐ《い》に報土《ほうど》に生《しょう》ずるは、名号不思議《みょうごうふしぎ》のちからなり。これす

んでいるのだ。したがって、そういう考えで称える念仏は、自分の行になってしまう。こういう人は、名号の不思議だって信じていないのだ。とはいえ、そういう信じていない人であっても、やはりお浄土の片隅に往生させていただけるのであり、さらには自力の念仏者をも救いとってやろうという阿弥陀仏の〝果遂《かすい》の願《がん》〟のおかげをもって、最後には真実のお浄土に往生できるのである。これもまた名号の不思議な力である。そし

なはち《わ》、誓願不思議《せいがんふしぎ》のゆへ《え》なればたゞ《だ》ひとつなるべし。

〔第十二段〕

一《ひとつ》。経釈《きょうしゃく》をよみ学《がく》せざるともがら、往生不定《おうじょうふじょう》のよしのこと。この条《じょう》すこぶる不足言《ふそくごん》の義《ぎ》といひ《い》つべし。

て、それというのも根本は誓願の不思議があるからであって、煎《せん》じ詰めれば二つの不思議は同じものである。

他力念仏に学問はいらない

経典・注釈書を読んで学問をしない人々は、お浄土に往生できるとはかぎらないと言われているようであるが、これはまったく論ずるに足らぬことである。

他力真実《たりきしんじつ》のむねをあかせるもろ〱《もろ》の正教《しょうぎょう》は、本願《ほんがん》を信《しん》じ、念《ねん》仏《ぶつ》をまふ《もう》さば仏《ぶつ》になる、そのほかなにの学問《がくもん》かは往生《おうじょう》の要《よう》なるべきや。まことに、このことは《わ》りにまよへ《え》らんひとは、いかにも〱《いかにもがく》学問《もん》して本願《ほんがん》のむねをしるべきなり。経釈《きょうしゃく》をよみ学《がく》すといへ《え》ど

他力《たりき》の教えの真実を説いた諸経典類には、阿弥陀仏《あみだぶつ》の本願を信じてお念仏すれば仏となることができるとある。それ以外に、いかなる学問が往生のために必要であろうか。こうした道理がわからず迷っている人は、まあ一所懸命に学問をやって本願の真意を知ろうとされればよい。しかしながら、そうして経典・注釈書を読んで学問をやりながら、なおかつお浄土の教えの根本義がわからないでいるのは、ほんとうに困ったことであ

も、聖教《しょうぎょう》の本意《ほんい》をこゝ《こ》ろえざる条《じょう》、もとも不便《ふびん》のことなり。一文不通《いちもんふつう》にして、経釈《きょうしゃく》のゆくぢ《じ》もしらざらんひとの、となへ《え》やすからんための名号《みょうごう》のおは《わ》しますゆへ《え》に易行《いぎょう》といふ《う》。学問《がくもん》をむねとするは聖道門《しょうどうもん》なり、難行《なんぎょう》となづく。あやまて学問《がくもん》して名聞《みょうもん》・利養《りよう》

る。

〝南無《なむ》阿弥陀仏〟の名号《みょうごう》は、文字ひとつ知らず経典・注釈書の筋道さえわからぬ人であっても称《とな》えやすいようにと考えだされたものであり、だからこそ易行《いぎょう》といわれるのだ。学問が必要なのは聖道門《しょうどうもん》であって、それは難《なん》行《ぎょう》と名づけられている。「あやまって学問をして、名声や財物

のおもひ《い》に住《じゅう》するひと、順次《じゅんじ》の往《おう》生《じょう》いかゞ《が》あらんずらんといふ《う》証《しょう》文《もん》もさ《そ》ふ《う》ら《ろ》うべきや。

当時《とうじ》専修念仏《せんじゅねんぶつ》のひとゝ《と》聖道門《しょうどうもん》のひと、法論《ほうろん》をくは《わ》だてゝ《て》わが宗《しゅう》こそすぐれたれ、ひとの宗《しゅう》はおとりなりといふ《う》ほどに、法敵《ほうてき》もいできたり、謗法《ほうぼう》もおこる。これしか

を得るに汲々《きゅうきゅう》としている人が、この次の世に往生できるかどうか怪しいものだ」と言われた親鸞聖人《しんらんしょうにん》の確かな文書もあるくらいなのだ。

昨今は、わが専修念仏《せんじゅねんぶつ》の人が聖道門の人々を相手に論争をし、自分の宗派がすぐれてお

しながら、みづから《ず》わが法《ほう》を破謗《はぼう》するにあらずや。たとひ諸門《いしょもん》こそりて、念仏《ねんぶつ》はかひなき《い》ひとのためなり、その宗《しゅう》あさしいやしといふ《う》とも、さらにあらそはずして《わ》、われらがごとく下根《げこん》の凡夫《ぼんぶ》、一文不《いちもんふ》通《つう》のもの、の《の》、信《しん》ずればたすかるよし、うけたまはり《わ》て信《しん》じさふら《そう》へ《え》

り、相手の宗派は劣っていると言うものだから、法敵もでき、念仏に対する誹謗《ひぼう》もおこるのである。しかしながらこれは、自分で自分の教えを謗《そし》っていることにならないか。たとい他の宗派の人々が寄ってたかって、念仏は能力のない者のためのものだ、その教えは浅く卑《いや》しいと言おうとも、少しも反論せずに、「わたしたちのように能力の劣った凡夫《ぼんぶ》、まったく文字も知らないような者でも、信ずればたすかると教わって信じているの

ば、さらに上根《じょうこん》のひとのためにはいやしくとも、われらがためにはは最上《さいじょう》の法《ほう》にてまします。たとひ自《い》余《よ》の教法《きょうぼう》すぐれたりとも、みづ《ず》からがためには器量《きりょう》およばざればつとめがたし。われもひとも生死《しょうじ》をはなれんことこそ諸仏《しょぶつ》の御《ご》本意《ほんい》にておはしませば、御《おん》さまたげあるてはしませば

ですね。たしかに能力のある優秀な人にとっては卑しくとも、わたしたちのためには最上の教えなのです。たといこれ以外のすぐれた教えがあっても、わたしたちにとっては能力不足でそれを実践できません。わたしも他人も含めて、すべての人をこの生死の苦しみの世界から救ってやろうというのが諸仏のご本意なのですから、わたしたちが念仏の教えを信じているのを妨害しないでください」と、静かに言えば、それでも攻撃してくる

べからずとて、にくひ気《いげ》せずば、たれのひとかありて、あだをなすべきや。かつは諍論《じょうろん》のところにはもろ〳〵《もろ》の煩悩《ぼんのう》おこる、智者遠離《ちしゃおんり》すべきよしの証文《しょうもん》さふらふ《そうろう》にこそ。

故聖人《こしょうにん》のおほせ《お》には、この法《ほう》を信《しん》ずる衆生《しゅじょう》もあり、そしる衆生《しゅじょう》

人がいるだろうか。そのうえ、「論争のあるところには、さまざまな煩悩《ぼんのう》が付随する。思慮ある人は、そうした論争から遠ざかるべし」と言われた証文だってあるのである。

故親鸞聖人の教えによると、「この念仏の教えを信ずる人もいれば、またこれを謗る人もい

もあるべしと、仏《ぶつ》ときおかせたまひ《い》たることなれば、われはすでに信《しん》じたてまつる。また、ひとありてそしるにて、仏説《ぶつせつ》まことなりけりと、しられさ《そ》ふ《う》ら《ろ》う。しかれば、往生《おうじょう》はいよ〱《いよ》一定《いちじょう》とおもひ《い》たま《も》ふ《う》べきなり。あやまてそしるひとのさ《そ》ふ《う》らは《わ》ざらんにこそ、い

る」と、すでに仏が説き示してくださっており、しかもわたし（親鸞聖人）がこれを信じ、また他方にこれを謗る人がいるのだから、たしかに仏の教えの真実であったことが納得できるのだ。だからこそ、往生はますますもって確実だと思うべきである。逆に謗る人がなかったならば、いかに信ずる人があっても、どうして謗る人がないのだろうかと、ちょっと不安になるのではなかろうか。もっとも、こう言ったからとて、どうして

かに信《しん》ずるひとはあれども、そしるひとのなきやらんともおぼへ《え》さ《そ》ふ《う》らひ《い》ぬべけれ。かくま《も》ふ《う》せばとて、かならずひとにそしられんとにはあらず。仏《ぶつ》のかねて信謗《しんぼう》ともにあるべきむねをしろしめして、ひとのうたがひ《い》をあらせじと、ときおかせたま《も》ふ《う》ことをま《も》ふ《う》すな

も人に謗られたいと言うのではない。そうではなくて、信ずる者もあれば謗る者もあると仏が前もって知らせてくださったのは、わたしたちが念仏の教えを疑わずにすむように配慮してくださったのだと言っているのである。

り、ところさふらひしか。

いまの世《よ》には、学文《がくもん》してひとのそしりをやめ、ひとへ《え》に論義問答《ろんぎもんどう》むねとせんと、かまへ《え》られさふらふ《そうろう》にや。

学問《がくもん》せば、いよいよ如来《にょらい》の御本《ごほん》意《い》をしり、悲願《ひがん》の広大《こうだい》のむねをも存知《ぞんじ》して、いやしからん身《み》にて往《おう》

ところが、いまの世の人々は、学問によって他宗から念仏者に加えられる非難を排し、議論や問答を大いにやろうと身構えておられるのではなかろうか。

学問をするのであれば、ますます阿弥陀如来のご本意を悟り、その如来の悲願の広大なことを理解し、自分のような卑しい人間には往生はおぼつかないのだと不安に思っている人々に

生《じよう》はいかゞ《が》なんど、あやぶまんひとにも、本願《ほんがん》には善悪浄穢《ぜんまくじようえ》なきおもむきをも、とききかせられさふらはゞ《わば》こそ、学生《がくしよう》のかひ《い》にてもさふら《そう》はめ。たま〳〵《たま》なにごゝ《こ》ろもなく本願《ほんがん》に相応《そうおう》して念仏《ねんぶつ》するひとをも、学《がく》文《もん》してこそなんどいひ《い》をどさる《お》、

対して、阿弥陀仏の本願には善・悪や浄・穢《じようえ》といった差別のないことを教えてあげてこそ、ほんとうの学者というものである。

それなのに、たまたまはからいの心もなく、阿弥陀仏の本願にかなったお念仏をしている人に対してまでも、学問してこそ往生ができるのだなどと言っておどす者がいるが、その人は教

こと、法《ほう》の魔障《ましょう》なり、仏《ぶつ》の怨敵《おんてき》なり。みづ《ず》から他力《たりき》の信心《しんじん》かくるのみならず、あやまて他《た》をまよは《わ》さんとす。つゝ《つ》しんでおそるべし、先師《せんし》の御《おん》こゝ《こ》ろにそむくことを。かねてあはれ《わ》むべし、弥陀《みだ》の本願《ほんがん》にあらざることを。

える妨げる悪魔、仏の怨敵《おんてき》である。自分自身の他力の信心が欠けているだけでなく、あやまって他人を迷わすことになる。これは親鸞聖人のお気持ちにそむいていることだから、慎みおそれねばならぬ。また同時に、それが阿弥陀仏の本願にはずれていることを、気の毒に思わねばならない。

〔第十三段〕

一《ひとつ》。弥陀《みだ》の本願不思議《ほんがんふしぎ》におはしませばとて悪《あく》をおそれざるは、また本願《ほんがん》ぼこりとて往生《おうじょう》かなふ《う》べからずといふ《う》こと。この条《じょう》、本願《ほんがん》をうたがふ《う》、善悪《ぜんまく》の宿業《しゅくごう》をこゝ《こ》ろえざるなり。

悪にこだわらず本願をたのむ

阿弥陀仏《あみだぶつ》の本願には不思議の力があるからといって悪をおそれぬ者は、これはまた本願ぼこり（本願にあまえる、本願につけあがる）といって、お浄土に往生できないという説があるようだが、この説は阿弥陀仏の本願を疑うものであり、善・悪の宿《しゅく》業《ごう》を知らないものである。

よきこゝ《こ》ろのおこるも宿善《しゆくぜん》のもよほ《お》すゆへ《え》なり、悪事《あしきこと》のおもは《わ》れせらるゝ《る》も悪業《あくごう》のはからふ《う》ゆへ《え》なり。故聖人《こしようにん》のおほ《お》せには卯《う》毛《もう》・羊毛《ようもう》のさきにいるちりばかりも、つくるつみの宿業《しゆくごう》にあらずといふ《う》ことなしとしるべしとさ《そ》ふ《う》らひ《い》き。

善き心がおきるのも、宿業がそうさせるからである。悪事をたくらみやってのけるのも、悪《あく》業《ごう》がそうさせるからである。故親鸞聖人《しんらんしようにん》の言われたところでは、兎《うさぎ》の毛・羊の毛の先端につく塵《ちり》ほどの罪を犯しても、それは宿業によらぬものはないと考えるべきなのだ。

またあるとき、唯円房《ゆいえんぼう》はわがいふ《う》ことをば信《しん》ずるかと、おほ《お》せのさ《そ》ふ《う》らひ《い》しあひ《い》だ、さんさ《そ》ふ《う》ら《ろ》うとま《も》ふ《う》しさ《そ》ふ《う》らひ《い》しかば、さらばいは《わ》んことたがふ《う》まじきかと、かさねておほ《お》せのさ《そ》ふ《う》らひ《い》しあひ《い》だ、つゝ《つ》しんで領状《りょうじょう》まふ《もう》してさ《そ》ふ《う》らひ《い》しかば、たとへ《え》ばひと千人《せんにん》

またあるとき、親鸞聖人が、「唯円房《ゆいえんぼう》はわたしの言うことを信ずるか」と尋ねられましたので、「もちろんです」とお答えしたところ、「では、わたしの言うことにそむかないか」と重ねて問われましたので、慎んで承諾しました。すると、「それでは、たとえば、千人を殺して

ころしてんや、しからば往生《おうじょう》は一《いち》定《じょう》すべしとおほ《お》せさ《そ》ふ《う》らひ《い》しとき、おほ《お》せにてはさ《そ》ふ《う》らへ《え》ども、一人《いちにん》もこの身《み》の器量《きりょう》にてはころしつべしともおぼへ《え》ずさ《そ》ふ《う》ら《ろ》うとま《も》ふ《う》してさ《そ》ふ《う》らひ《い》しかば、さてはいかに親鸞《しんらん》がいふ《う》ことをたがふ《う》まじきとはいふ《う》ぞと。これにてしるべ

くれないか、そうすればあなたの往生はまちがいないはずだ」と聖人が言われましたので、「お言葉ではございますが、わたしの器量では、とても一人だって殺せそうにございません」と申しあげたところ、「では、なぜ、親鸞の言うことにはそむかぬと言ったのだね」と詰問されました。「これでわかるだろう、すべてのことが自分の思うとおりにいくものならば、往生のために千人殺せと命じられれば、すぐさま殺せるだろう。し

し、なにごともこゝ《こ》ろにまかせたることならば、往生《おうじょう》のために千人《せんにん》ころせといは《わ》んに、すなは《わ》ちころすべし。しかれども一人《いちにん》にてもかなひ《い》ぬべき業縁《ごうえん》なきによりて害《がい》せざるなり。わがこゝ《こ》ろのよくてころさぬにはあらず、また害《がい》せじとおもふ《う》とも百人《ひやくにん》・千人《せんにん》をころすこ

かし、たった一人をさえ殺すだけの宿業がそなわっていないから、殺害できないのだ。自分の心が善で、それで殺さないのではない。また、殺害するまいと思っても、百人千人を殺してし

ともあるべしとおほせ《おお》のさふらひ《そうらい》しかば、われらがこゝろ《こ》のよきをばよしとおもひ《い》、あしきことをばあしとおもひて、願《がん》の不思議《ふしぎ》にてたすけたまふといふ《もう》《う》ことをしらざることをおほせ《お》のさふらひ《そうい》しなり。

そのかみ邪見《じゃけん》におちたるひとあ

まうことだってあるのだ」と言われたのは、われわれが自分の心がよければ善、心が悪いのを悪と思いこんでしまって、阿弥陀仏の誓願の不思議にたすけられていることを気づかずにいることを指摘されたものである。

て、悪《あく》をつくりたるものをたすけんといふ《う》願《がん》にてましませばとて、わざとこのみて悪《あく》をつくりて往生《おうじよう》の業《ごう》とすべきよしをいひ《い》て、や《よ》う〱《よう》にあしざまなることのきこへ《え》さふ《そう》らひ《い》しとき、御消息《ごしようそく》に、くすりあればとて毒《どく》をこのむべからずとあそばされてさふらふ《そうろう》は、かの

昔のことであるが、誤った見解にとらわれた人があって、仏の誓願は悪をなした人をたすけてやろうというものであるから、わざと進んで悪をやって、往生のための行為とすべきだと主張した。その人のいろいろ悪い評判が親鸞聖人の耳にはいったとき、聖人はお手紙に、「薬あればとて毒をこのむべからず」とお書きになったが、それ

邪執《じやしゆう》をやめんがためなり。またく悪《あく》は往生《おうじよう》のさは《わ》りたるべしとにはあらず。持戒《じかい》・持律《じりつ》にてのみ本願《ほんがん》を信《しん》ずべくば、われらいかでか生《しよう》死《じ》をはなるべきやと。かゝ《か》るあさましき身《み》も、本願《ほんがん》にあひ《い》たてまつりてこそ、げにほこられさふ《そう》らへ《え》。さればとて、身《み》にそなへ《え》ざら

はそうした誤った考えを正さんとしたものである。とはいえ、悪が往生の妨げになるというのではない。戒律を厳格に守ってこそ本願が信じられるというのであれば、わたしたちはどうしてこの生死の苦しみの世界から脱却できるであろうか。このようなあさましい身でも本願に出会うことができるからこそ、本願にあまえることができるわけだ。だからといって、自分の身にそなわっていない悪業は、やれと言われてもやれるものでは

ん悪業《あくごう》は、よもつくられさふら《そうろう》はじものを。

またうみ・かわに、あみをひき、つりをして世《よ》をわたるものも、野《の》やまにしゝ《し》をかり、とりをとりて、いのちをつぐともがらも、あきなゐ《い》をし、田畠《でんばく》をつくりてすぐるひとも、たゞ《だ》おなじこと

ないだろう。

また親鸞聖人は、「海や川で魚を猟《と》って生計をたてる者も、野山で鳥獣を狩って生きる者も、商人もまた農夫も、すべて同じことである。それぞれの宿

なりと。さるべき業縁《ごうえん》のもよほ《お》さば、いかなるふるまひ《い》もすべしとこそ、聖人《しょうにん》はおほ《お》せさ《そ》ふ《う》らひ《い》しに、当時《とうじ》は後《ご》世《せ》者《しゃ》ぶりして、よからんものばかり念仏《ねんぶつ》ま《も》ふ《う》すべきや《よ》うに、あるひ《い》は道場《どうじょう》にわりぶみをして、なむ《ん》〳〵《なん》のことしたらんものをば道場《どうじょう》へいるべからずなん

業によって、どんな行為をするかわからぬ」と言われたのであるが、ところが今日では、品行方正なる念仏者を装って、立派な人間だけがお念仏を称《とな》えるかのように言い、あるいは念仏道場に貼《は》り紙をして、「しかじかの悪事をなせる者は当道場には入室禁止」と言ったりすることは、外面は努力する善人を装いながら、内面はいつわりだらけではないか。

ど、いふこと、ひとへ《え》に賢善精進《けんぜんしようじん》の相《そう》をほかにしめして、うちには虚仮《こけ》をいだけるものか。

願《がん》にほこりてつくらんつみも宿《しゆく》業《ごう》のもよほす《お》ゆへ《え》なり。さればよきこともあしきことも業報《ごうほう》にさしまかせて、ひとへ《え》に本願《ほんがん》をたのみまひらす《い》ればこそ、他力《たりき》にてはさ《そ》

阿弥陀仏の誓願にあまえて罪を犯すのも、結局は宿業によるものである。だからこそ、善悪はすべて宿業の結果だと割り切って、ただひたすらに本願にすがりつくのが真の他力《たりき》ではなか

ふ《う》らへ《え》。『唯信抄《ゆいしんしょう》』にも、「弥陀《みだ》いかばかりのちからましますとしりてか、罪業《ざいごう》のみなればすくは《わ》れがたしとおもふ《う》べき」とさ《そ》ふ《う》ら《ろ》うぞかし。本願《ほんがん》にほこるこゝ《こ》ろのあらんにつけてこそ、他力《たりき》をたのむ信《しん》心《じん》も決定《けつじょう》しぬべきことにてさ《そ》ふ《う》らへ《え》。

ろうか。『唯信抄《ゆいしんしょう》』（法然《ほうねん》門下の聖覚の著。法然上人の思想を要約している）にも、「罪業《ざいごう》の深いこの身では救っていただけぬと思うのは、阿弥陀仏の力をどれほど過小評価していることになろうか」とある。本願にあまえる気持ちがあるからこそ、他力を信ずる心がしっかりと確立されるのである。

おほよそ《お》、悪業煩悩《あくごうぼんのう》を断《だん》じつくしてのち本願《ほんがん》を信《しん》ぜんのみぞ、願《がん》にほこるおもひ《い》もなくてよかるべきに、煩悩《ぼんのう》を断《だん》じなば、すなはち《わ》仏《ぶつ》になり、仏《ぶつ》のためには五《ご》劫思惟《こうしゆい》の願《がん》、その詮《せん》なくやましまさん。本願《ほんがん》ぼこりといましめらるる《る》、ひとびと《びと》も、煩悩不浄具足《ぼんのうふじょうぐそく》せられてこ

そもそも、悪業や煩悩《ぼんのう》をすべて断じつくしてから本願を信ずるのがほんとうだというのであれば、たしかに本願にあまえることはなくなるであろうが、しかし煩悩をすべて断じたら仏になるのであり、そして仏のためには阿弥陀仏の五劫《ごこう》にわたって思惟《しゆい》された願《がん》は不必要・無意味になってしまうだろう。本願にあまえてはならぬと他人をいましめておられる人々だって、きっと煩悩や汚れを身につけておられるはずなのだから、ご自身

そさ《そ》ふ《う》ら《ろ》うげなれ、それは願《がん》にほこらるゝ《る》にあらずや。いかなる悪《あく》を本願《ほんがん》ぼこりといふ《う》、いかなる悪《あく》かほこらぬにてさ《そ》ふ《う》ら《ろ》うべきぞや。かへ《え》りてこゝ《こ》ろを《お》さなきことか。

も本願にあまえていることにならないか。どんな悪を本願にあまえるというのか、どんな悪があまえないですむのか。本願にあまえるなと言うほうが、かえって未熟な考えではないだろうか。

〔第十四段〕

一《ひとつ》。一念《いちねん》に八十億劫《はちじゅうおくこう》の重罪《じゅうざい》を滅《めつ》すと信《しん》ずべしといふ《う》こと。この条《じょう》は、十悪《じゅうあく》・五逆《ごぎゃく》の罪人《ざいにん》、日《ひ》ごろ念《ねん》仏《ぶつ》をまふ《も》さ《う》ずして、命終《みょうじゅう》のときはじめて善知識《ぜんぢしき》のをし《お》へ《え》にて、一念《いちねん》まふ《も》せ《う》ば八十億劫《はちじゅうおくこう》のつみを

念仏は滅罪のためではない

一度のお念仏で、八十億劫《おくこう》という膨大な期間にわたって積み重ねてきた重罪も消えると信じろということ。この主張は、十《じゅう》悪《あく》（殺生《ころし》・偸盗《ぬすみ》・邪淫《みだら》・妄語《うそ》・綺語《へつらい》・悪口《わるくち》・両舌《にまいじた》・貪欲《むさぼり》・瞋恚《いかり》・邪見《よこしま》の十種の悪業《あくごう》）や五逆《ごぎゃく》（殺《せっ》母《も》・殺父《せっぷ》・殺阿羅漢《せつあらかん》・出仏身血《しゅつぶつしんけつ》・破和合僧《はわごうそう》の五つの逆罪）の罪を

滅《めつ》し、十念《じゅうねん》まふ《もう》せば十八十億《じゅうはちじゅうおく》劫《こう》の重罪《じゅうざい》を滅《めつ》して往生《おうじょう》すといへ《え》り。これは十悪《じゅうあく》・五逆《ごぎゃく》の軽重《きょうじゅう》をしらせんがために、一念《いちねん》・十念《じゅうねん》といへ《え》るが滅罪《めつざい》の利益《りやく》なり。いまだわれらが信《しん》ずるところにおよばず。

そのゆへ《え》は、弥陀《みだ》の光明《こうみょう》にてら

犯した人間でも、しかもそれまで一度もお念仏をしたことがない人であっても、臨終にあたって立派な師の教えをうけて一《いっ》声《しょう》念仏を称《とな》えれば八十億劫の罪を消し、十声《じっしょう》お念仏をすればその十倍の重罪を消してお浄土に往生できると言ったものである。これは、十悪や五逆の罪がいかに重いかを教えようとして、一度のお念仏、十度のお念仏と言ったのであろう。お念仏に罪を消すはたらきがあるというのであろうが、われわれは

されまひらするゆへ《え》に、一念発起《いちねんほっき》するとき金剛《こんごう》の信心《しんじん》をたまはり《わ》ぬれば、すでに定聚《じょうじゅ》のくらゐ《い》におさめしめたまひ《い》て、命終《みょうじゅう》すればもろ〱《もろ》の煩悩悪障《ぼんのうあくしょう》を転《てん》じて、無生《むしょう》忍《にん》をさとらしめたまふ《もう》なり。この悲願《ひがん》ましまさずば、か《か》ゝるあさましき罪人《ざいにん》、いかでか生死《しょうじ》を解脱《げだつ》す

こんなことを信じる必要はない。

というのは、われわれの信じるところは、阿弥陀仏《あみだぶつ》の光明《こうみょう》に照らされることによってお念仏を称えようと思うこころが起きるのであって、しかもその瞬間に絶対に不退転な信心をいただき、そのときすでに仏になることが約束されているということである。この世での命が尽きれば、さまざまな煩悩《ぼんのう》や往生の妨げとなるものも転じてしまって、わたしたちは真実の世界に

べきとおもひて、一生《いっしょう》のあひだ《い》ま《も》ふすところの念仏《ねんぶつ》は、みなことごとく如来大悲《にょらいだいひ》の恩《おん》を報《ほう》じ徳《とく》を謝《しゃ》すとおもふ《う》べきなり。念仏《ねんぶつ》まふ《う》さんごとに、つみをほろぼさんと信《しん》ぜんは、すでにわれとつみをけして往生《おうじょう》せんとはげむにてこそさふら《そうろ》うなれ。もししか

帰入させていただけるのだ。そのような阿弥陀仏の慈悲の誓願がなかったならば、わたしたちのようなあさましい罪人が、どうしてこの生死の苦しみの世界から脱却できようか。そう考えて、わたしたちが一生のあいだ称えるお念仏は、すべて阿弥陀如来の大慈悲の恩に報い、その徳に感謝するためのものだと思うべきである。

ところが、念仏のたびに罪を消すことができると信じているのは、じつは自分で自分の罪を

らば、一生《いっしょう》のあひ《い》だおもひ《い》とおもふ《う》こと、みな生死《しょうじ》のきづ《ず》なにあらざることなければ、いのちつきんまで念仏退転《ねんぶつたいてん》せずして往生《おうじょう》すべし。たゞ《だ》し業報《ごうほう》かぎりあることなれば、いかなる不思議《ふしぎ》のことにもあひ《い》、また病悩苦痛《びょうのうくつう》をせめて、正《しょう》念《ねん》に住《じゅう》せずしてをは《お》ら《わ》ん、念仏《ねんぶつ》ま《も》

消して、そのうえで往生しようと努力していることである。もしそうだとすれば、人間の一生のうちにあれこれ思うことは、すべてがわれわれをこの生死の苦しみの世界に結びつけるものであるから、臨終の瞬間まで怠ることなくお念仏をつづけて、そのうえで往生ということになる。しかしながら、人にはそれぞれの宿業《しゅくごう》があって、どんな不慮の出来事にあうかわからぬし、また病に苦しみ悩んで正気を失ったまま臨終をむかえるこ

ふ《う》すことかたし。そのあひ《い》だのつみをばいかゞ《が》して滅《めつ》すべきや。つみきえざれば往生《おうじょう》はかなふ《う》べからざるか。

摂取不捨《せっしゅふしゃ》の願《がん》をたのみたてまつらば、いかなる不思議《ふしぎ》ありて罪業《ざいごう》をおかし念仏《ねんぶつ》ま《も》ふ《う》さずしてをは《おわ》るとも、すみやかに往生《おうじょう》をとぐべ

ともあり、そのときはお念仏ができないであろう。では、その期間の罪は、どうして消すことができようか。罪が消えなければ、往生はできないのか。

そうではなくて、われわれは、すべての衆生を救いとりたいという阿弥陀仏の誓願にたよるからこそ、どのような不慮の罪業《ざいごう》をつくり、しかも臨終にお念仏ができなくても、すぐさまお浄土に往生させていただけるのである。また、最期までお念仏が称えられるにしても、臨終

し。また念仏《ねんぶつ》のまふ《もう》されんも、たゞいまさとりをひらかんずる期《ご》のちかづくにしたがひ《い》ても、いよ〳〵《いよ》弥陀《みだ》をたのみ、御恩《ごおん》を報《ほう》じたてまつるにてこそさふ《そう》らは《わ》め。つみを滅《めつ》せんとおもは《わ》んは自力《じりき》のこゝ《こ》ろにして、臨終正念《りんじゆうしようねん》といのるひとの本意《ほんい》なれば、他力《たりき》の信心

はわたしたちがお浄土に往《い》って悟りを開く瞬間に近づいたわけであるから、なおいっそう阿弥陀仏を信じ、そのご恩に報いるのでなければならぬ。罪を消すというのは自力《じりき》の考え方であり、その考え方は臨終に称えるお念仏に最上の価値を見いだす考え方につながるものであって、他力《たりき》の信心ではないのである。

なきにてさふら《そうろ》うなり。

〔第十五段〕

一《ひとつ》。煩悩具足《ぼんのうぐそく》の身《み》をもて、すでにさとりをひらくといふ《う》こと。この条《じょう》、もてのほかのことにさふら《そうろ》う。

即身成仏《そくしんじょうぶつ》は真言秘教《しんごんひきょう》の本意《ほんい》、三《さん》

＊道なるがゆへ　蓮如本には「通故」とあるが、大谷本によった。

浄土に着いてから悟りを開く

さまざまな煩悩《ぼんのう》をもったこの身のままで、すでに悟りを開いているのだということ、このような主張はとんでもないことである。

この身のままで仏となれるというのは真言密教《しんごんみっきょう》の考え方で、

密行業《みつぎょうごう》の証果《しょうか》なり。六根清浄《ろっこんしょうじょう》はまた法花一乗《ほっけいちじょう》の所説《しょせつ》、四安楽《しあんらく》の行《ぎょう》の感徳《かんとく》なり。これみな難行上根《なんぎょうじょうこん》のつとめ、観念成就《かんねんじょうじゅ》のさとりなり。来生《らいしょう》の開覚《かいかく》は他力浄土《たりきじょうど》の宗旨《しゅうし》、信心決定《しんじんけつじょう》の道《*みち》なるがゆへ《え》なり。これまた易行下根《いぎょうげこん》のつとめ、不簡善悪《ふけんぜんまく》の法《ほう》なり。

手に印《いん》を結び、口に真言を誦《じゅ》し、意《こころ》に仏を観念する修行の結果、仏となれるのだ。また、心とからだを清浄《しょうじょう》にたもてると説くのは『法華経《ほけきょう》』による一《いち》乗教《じょうきょう》の所説であって、四安楽《しあんらく》の行《ぎょう》（身《からだ》の善行、口《ことば》の善行、意《こころ》の善行、慈悲の実践）によって得られる功徳である。これらはすべて能力のすぐれた人がやれる難行《なんぎょう》で、精神集中によって達成できる悟りである。しかし、他力《たりき》浄土の教えは、来世で悟りを開くものであって、この

おほよそ、今生《こんじょう》においては煩《ぼん》
悩悪障《のうあくしょう》を断《だん》ぜんこと、きはめて
ありがたきあひだ、真言《しんごん》・法花《ほっけ》を
行《ぎょう》ずる浄侶《じょうりょ》、なをもて順次生《じゅんじしょう》のさ
とりをいのる。いかにいはんや、
戒行《かいぎょう》・恵解《えげ》ともになしといへど
も、弥陀《みだ》の願船《がんせん》に乗《じょう》じて生死《しょうじ》の
苦海《くかい》をわたり、報土《ほうど》のきしにつき

世にあっては信心を第一とするものである。これは能力の劣った人でもやれる易行《いぎょう》であり、善人・悪人を差別しない教えである。

そもそもこの世において煩悩や罪悪を断ちきることは極めて困難であるから、真言や法華《ほっけ》の行者《ぎょうじゃ》、聖僧でさえも、来世における悟りを念願しているのである。ましてやわれわれは、戒律ももたず智慧もない身である。しかしながら、戒律・智慧ともに欠けてはいても、阿弥陀仏《あみだぶつ》の

ぬるものならば、煩悩《ぼんのう》の黒雲《こくうん》はやくはれ、法性《ほっしょう》の覚月《かくげつ》すみやかにあらはれて、尽十方《じんじっぽう》の無碍《むげ》の光《こう》明《みょう》に一味《いちみ》にして、一切《いっさい》の衆《しゅ》を利益《りやく》せんときにこそ、さとりにてはさ《そ》ふら《う》へ《え》。

この身《み》をもてさとりをひらくとさ《そ》ふ《う》ら《ろ》うなるひとは、釈尊《しゃくそん》のごと

誓願という大船《たいせん》に乗せていただいてこの生死の苦海を渡り、お浄土の彼岸《ひがん》に着くことができるのであって、そうしてお浄土に着けば、たちまちに煩悩の黒雲がなくなり、真理の悟りの月が出現して、十方の隅々までを照らす阿弥陀仏の智慧の光明《こうみょう》と一体となることができる。その結果、わたしたちは迷える衆生にその光明をわけあたえようとするのであるが、それがつまりは悟りなのだ。

この身のままで悟りが開ける

く種々《しゅじゅ》の応化《おうげ》の身《み》をも現《げん》じ、三十《さんじゅう》二《に》相《そう》・八十《はちじゅう》随形好《ずいぎょうこう》をも具足《ぐそく》して、説法利益《せつぽうりやく》さふらう《そうろう》にや。これをこそ今生《こんじょう》にさとりをひらく本《ほん》とはまふしさふらへ《もうしそうらえ》。『和讃《わさん》』にいはく《わく》、「金剛堅固《こんごうけんご》の信心《しんじん》の、さだまるときをまちえてぞ、弥陀《みだ》の心光摂護《しんこうしょうご》して、ながく

と考える人は、釈尊《しゃくそん》のように世の人々の願望に応じて種々の姿かたちをとってこの世に出現し、三十二相《そう》・八十種好《しゅごう》（仏がもっている身体的特徴。三十二相は大きな特徴、八十種好は小さな付随的特徴。相と種好をあわせて〝相好《そうごう》〟という）をその身体にかねそなえ、教えを説いて人々に恵みをあたえることができるというのだろうか。これができてこそ、この世で悟りを開く本意があるといえるのだ。親鸞聖人《しんらんしょうにん》の『和讃《わさん》』（『浄土高

生死《しょうじ》をへだてける」とはさふらう《そうろう》は、信心《しんじん》のさだまるときに、ひとたび摂取《せっしゅ》してすてたまはざれ《わ》ば、六道《ろくどう》に輪廻《りんね》すべからず。しかれば、ながく生死《しょうじ》をばへだてさふらう《そうろう》ぞかし。かくのごとくしるを、さとるとはいひまぎらかすべきや、あはれ《わ》にさふらう《そうろう》をや。

僧和讃』）に、「金剛《こんごう》のごとき堅《けん》固《ご》なる信心が確定するときをまって、阿弥陀仏の大慈悲心の光がわれらをもれなくつつみ護《まも》り、永遠に生死の迷いの世界からへだてられる」とあるように、信心が確定すれば阿弥陀仏の救いにあずかって、二度と捨てられることがないから、もはや六道《ろくどう》（迷いの世界）に輪廻《りんね》することはない。それゆえ、永遠に生死の世界から遠離《おんり》できるのだ。このように理解すべきことなのに、どうしてそれを悟りと

浄土真宗《じょうどしんしゅう》には、今生《こんじょう》に本願《ほんがん》を信《しん》じて、かの土《ど》にしてさとりをばひらくとならひさふらう《いそうろう》ぞとこそ、故聖人《こしょうにん》のおほせ《おおせ》にはさふらひ《そうらい》しか。

〔第十六段〕

一《ひとつ》。信心《しんじん》の行者《ぎょうじゃ》、自然《じねん》にはらを

呼んでわざと混乱させるのか。なんとも気の毒なことである。

「浄土真宗においては、この世にあってはひたすらに本願を信じ、お浄土に着いてから悟りを開くのだと教わっています」と、これが故親鸞聖人のお言葉であったはずだ。

念仏者の廻心は一度しかない

本願を信じて念仏する人も、

もたて、あしざまなることをもおかし、同朋同侶《どうぼうどうりよ》にもあひ《い》て口論《こうろん》をもしては、かならず廻心《えしん》すべしといふ《う》こと。この条《じよう》、断悪修善《だんなくしゆぜん》のこゝ《こ》ちか。

一向専修《いつこうせんじゆ》のひとにおいては、廻《え》心《しん》といふ《う》こと、たゞ《だ》ひとたびあるべし。その廻心《えしん》は、日《ひ》ごろ本願他《ほんがんた》

つい思わず腹を立て、悪いことをしたり、あるいは仲間どうしで口論になったりするが、そういうときは必ず廻心《えしん》せねばならぬということ。このような主張は、悪を断ち善の修行をやれという気持ちからなされるものであろうか。

ただひたすらにお念仏の道を歩む者にとっては、廻心は一度しかない。その一度の廻心とは、常日ごろ、本願他力《たりき》という

力真宗《りきしんしゅう》をしらざるひと、弥陀《みだ》の智《ち》慧《え》をたまはりて、日《ひ》ごろのこゝ《こ》ろにては往生《おうじょう》かなふ《う》べからずとおもひ《い》て、もとのこゝ《こ》ろをひきかへ《え》て、本願《ほんがん》をたのみまひ《い》らするをこそ、廻心《えしん》とはまふ《もう》しさふ《そう》らへ《え》。一《いつ》切《さい》の事《じ》に、あしたゆふ《う》べに廻心《えしん》して、往生《おうじょう》をとげさふら《そうろ》うべくば、

真実の教えを知らなかった人が阿弥陀仏《あみだぶつ》の智慧をいただいて、これまでのような心では往生できないと思って、いままでの心をきっぱりといれかえて本願を信じるにいたるのが廻心なのだ。日常の万事につけ、朝夕廻心して往生がとげられるというのであれば、人間の寿命《いのち》は吐《は》く息、吸う息のあいだにも終わるかもしれないのであって、廻心もせず、柔和《にゅうわ》な心、じっと堪《た》え忍ぶ心ができない先に寿命が尽きれば、その人に対しては阿弥

ひとのいのちは、いづるいきいるほどをまたずしてをはること《お　わ》となれば、廻心《えしん》もせず柔和《にゆうわ》・忍辱《にんにく》のおもひ《い》にも住《じゆう》せざらんさきに、いのちつきば、摂取不捨《せつしゆふしや》の誓願《せいがん》はむなしくならせおはしますべきにや。くちには願力《がんりき》をたのみたてまつるといひ《い》て、こゝ《こ》ろにはさこそ悪人《あくにん》を

陀仏のあらゆる衆生を救いとりたいという誓願が空《むな》しくなってしまわないか。口では阿弥陀仏の誓願の力におすがりするのだと言い、心のなかでも悪人を救

たすけんといふ《う》願《がん》、不思議《ふしぎ》にましますといふ《う》とも、さすがよからんものをこそ、たすけたまは《わ》んずれとおもふ《う》ほどに、願力《がんりき》をうたがひ《い》、他力《たりき》をたのみまひ《い》らすこゝ《こ》ろかけて、辺地《へんじ》の生《しょう》をうけんこと、もともなげきおもひ《い》たま《も》ふ《う》べきことなり。

いとりたいという誓願の不思議さを思っているにしても、にもかかわらず、やはり善人から先にたすけられるのではなかろうかという思いがつきまとうものだから、結果的には誓願の力を疑い、他力を信じる心が欠けることになり、そのためお浄土の辺境にしか往生できぬことになる。これほど残念なことはない。

信心《しんじん》さだまりなば、往生《おうじょう》は弥陀《みだ》にはからはれ《わ》まひ《い》らせてすることなれば、わがはからひ《い》なるべからず。わろからんにつけてもいよ〳〵《いよ》願力《がんりき》をあをぎ《お》まひ《い》らせば、自《じ》然《ねん》のことはり《わ》にて柔和《にゅうわ》・忍辱《にんにく》のこゝろ《こ》もいでくべし。すべてよろづ《ず》のことにつけて、往生《おうじょう》にはかし

わたしたちの信心さえ確立すれば、あとの往生は阿弥陀仏がはからってくださることであって、なにもわたしたちがあれこれはからわねばならぬことではない。自己の行いが悪いにしても、そのときはますます仏の願《がん》力《りき》をいただくようにすれば、おのずから柔和な心、堪え忍ぶ心ができてくる。往生のためには

こきおもひ《い》を具《ぐ》せずして、たゞ《だ》ほれ〲《ぼれ》と弥陀《みだ》の御恩《ごおん》の深重《じんじゅう》なることと、つねはおもひ《い》いだしまひ《い》らすべし。しかれば、念仏《ねんぶつ》もま《も》ふ《う》されさ《そ》ふ《う》ら《ろ》う。これ自然《じねん》なり。わがはからは《わ》ざるを、自然《じねん》とま《も》ふ《う》すなり。これすなはち《わ》、他力《たりき》にてまします。しかるを、自然《じねん》といふ《う》こと

賢《さか》しらぶった考えは必要でなく、なにごとにつけても、ただほれぼれと阿弥陀仏のご恩の深重なることを常に思い出すようにすべきである。そうすれば、お念仏が称《とな》えられる。これが自《じ》然《ねん》の姿である。自分のはからいのないのが自然である。そして、それが他力なのだ。それなのに、物知り顔をして「自然」というものが別にあるように言われる人があるそうだが、どうも歎《なげ》かわしいことである。

の、別《べつ》にあるやう《よ》に、われものしりがほ《お》にいふ《う》ひとのさふら《そうろ》うよし、うけたまは《わ》る。あさましくさ《そ》ふら《うろ》う。

〔第十七段〕

一《ひとつ》。辺地往生《へんじおうじょう》をとぐるひと、つゐ《い》には地獄《じごく》におつべしといふ《う》こ

阿弥陀仏は不信心な者も迎えとる
極楽浄土の中央ではなく辺境の地に往生した人は、最後には

と。この条《じょう》、なにの証文《しょうもん》にみへさ《えそ》ふらう《うろ》ぞや。

学生《がくしょう》だつるひとのなかに、いひ《い》ださる《る》、ことにてさふらう《そうろ》なるこそ、あさましくさふらへ《そうえ》。経論《きょうろん》正《しょう》教《ぎょう》をばいかやう《よ》にみなされてさふらう《そうろ》らん。

信心《しんじん》かけたる行者《ぎょうじゃ》は、本願《ほんがん》をう

地獄に堕《お》ちるという説があるが、これにはいかなる証拠の文献があるのだろうか。

学者ぶっている連中のあいだで言いだされた説らしいが、どうにも歎《なげ》かわしいことである。経典・論書の聖 教《しょうぎょう》を、どのように見ておられるのであろうか。

たがふ《う》によりて、辺地《へんじ》に生《しょう》じてう
たがひ《い》のつみをつぐのひ《い》てのち、
報土《ほうど》のさとりをひらくとこそ、う
けたまはり《わ》さふら《そう》へ《え》。
信心《しんじん》の行者《ぎょうじゃ》すくなきゆへ《え》に、化《け》
土《ど》におほ《お》くす《す》、めいれられさふら《そうろ》
うを、つゐ《い》にむなしくなるべしと
さふら《そうろ》うなるこそ、如来《にょらい》に虚妄《こもう》を

信心のない念仏者は、阿弥陀《あみだ》仏《ぶつ》の本願を疑うから、お浄土の辺境に生まれることになり、そこで疑いの罪をつぐなってから真実の浄土で悟りを開くのだと教えをうけている。

信心をもってお念仏を称《とな》える人が少ないので、不信心な者でも化土《けど》（一時的な仮のお浄土。すなわちお浄土の辺境）に迎えとってやろうというのが阿弥陀仏の真意なのに、化土に生まれても、とどのつまりは無意味だというのであれば、阿弥陀如来を

まふ《もう》しつけまひ《い》らせられさふら《そうろ》うなれ。

〔第十八段〕

一《ひとつ》。仏法《ぶっぽう》のかたに、施入物《せにゅうもつ》の多《た》少《しょう》にしたが〔ひ《い》〕て大小仏《だいしょうぶつ》になるべしといふ《う》こと。この条《じょう》、不可説《ふかせつ》なり々々《ふかせつなり》、比興《ひきょう》のことなり。

ぺてん師呼ばわりすることになるではないか。

布施の多少よりも信心

お寺へのお布施の多少によって、大きな仏ともなり小さな仏ともなるのだということ、それはまったく言語道断の説である。まさに噴飯《ふんぱん》ものである。

まづ《ず》仏《ぶつ》に大小《だいしょう》の分量《ぶんりょう》をさだめんこと、あるべからずさふら《そうろ》うか。かの安養《あんにょう》浄土《じょうど》の教主《きょうしゅ》の御身《ごしん》量《りょう》をとかれてさふら《そうろ》うも、それは方便報身《ほうべんほうじん》のかたちなり。法性《ほっしょう》のさとりをひらひ《い》て長《ちょう》・短《たん》・方《ほう》・円《えん》のかたちにもあらず、青《しょう》・黄《おう》・赤《しゃく》・白《びゃく》・黒《こく》のいろをもはなれなば

まず第一に、仏の大きさを云々《うんぬん》することがおかしい。なるほど、かの極楽浄土にましますす阿弥陀仏《あみだぶつ》のご身体の大きさが説かれているけれども、それは衆生を救うための方便として仮に姿を示されたそのおからだについて言っているのである。真理の悟りを開いたなら、長い短い、四角だ丸いといった形を超越し、青・黄・赤・白・黒といった色も離れるのだから、なに

なにをもてか大小《だいしょう》をさだむべきや。

念仏《ねんぶつ》まふ《もう》すに、化仏《けぶつ》をみたてまつるといふ《う》ことのさふら《そうろ》うなるこそ、大念《だいねん》には大仏《だいぶつ》をみ、小念《しょうねん》には小仏《しょうぶつ》をみるといへ《え》るか。もしこのことはり《わ》なんどにばし*、ひきかけられさふら《そうろ》うやらん。

を基準に大小を定めることができようか。

一所懸命念仏を行ずれば、行者に仏のお姿が見えるといった説があるようだが、そのとき大声の念仏には大きな仏が、小声の念仏には小さな仏の姿があらわれるとでもいうのであろうか。そんな俗説なんかにかこつけての主張のように思われる。

＊ばし　推量・疑問・禁止の文中で用いられる語勢を強める助詞。

かつはまた檀波羅蜜《だんはらみつ》の行《ぎょう》ともいひつべし。いかにたからものを仏《ぶつ》前《ぜん》にもなげ、師匠《ししょう》にもほどこすとも、信心《しんじん》かけなばその詮《せん》なし。一《いっ》紙《し》半銭《はんせん》も仏法《ぶっぽう》のかたにいれずとも、他力《たりき》にこゝ《こ》ろをなげて、信心《しんじん》ふかくば、それこそ願《がん》の本意《ほんい》にてさふら《そう》はめ《わ》。

もう一つの考え方は、聖道門《しょうどうもん》でいう布施行《ぎょう》に相当しようか。だが、どれだけ多くの財宝を仏前に寄進し、また師匠に布施したところで、信心が欠けていれば無意味である。紙一枚、銭《ぜに》半銭をお寺に寄進しなくとも、ひとえに他力《たりき》をたのみ、信心が深ければ、それこそが阿弥陀仏の誓願の本意にかなうものである。

すべて仏法《ぶつぽう》にことをよせて、世《せ》間《けん》の欲心《よくしん》もあるゆへ《え》に、同朋《どうぼう》をいひ《い》を《お》どさる丶《る》にや。

〔結文〕

右条《みぎじょう》々《じょう》は、みなもて信心《しんじん》のことなるより、ことおこりさふら《そうろ》うか。

どうやらこれは、うまく仏教にかこつけて、自分の世間的な欲望を満足させるべく、お念仏の仲間たちを言いおどかそうとするものではなかろうか。

涙を流しつつ筆をとる

これまで述べた問題は、すべて信心のちがいからおきたことであろう。

故聖人《こしょうにん》の御《おん》ものがたりに、法然《ほうねん》聖人《しょうにん》の御《おん》とき、御弟子《おんでし》そのかずおはし《わ》けるなかに、おなじく御信心《ごしんじん》のひともすくなくおはし《わ》けるにこそ、親鸞御同朋《しんらんおんどうぼう》の御《おん》なかにして御相論《ごそうろん》のことさふら《そう》ひ《い》けり。そのゆへ《え》は、善信《ぜんしん》が信心《しんじん》も聖人《しょうにん》の御《ご》信心《しんじん》もひとつなり、とおほ《お》せのそ《そ》さ

故親鸞聖人《しんらんしょうにん》が話されたところによると、いまだ法然上人《ほうねんしょうにん》がご在世のとき、上人には多くの弟子がおられたが、そのなかに親鸞聖人と同じ信心をもった人が少なかったためであろう、親鸞聖人と仲間のお弟子のあいだで論争があったそうだ。なぜ論争になったかといえば、「善信《ぜんしん》(親鸞)の信心も法然上人のご信心も、そこになんの差もない」と親鸞聖人が言われたの

ふ《う》らひ《い》ければ、勢観房《せいかんぼう》・念仏房《ねんぶつぼう》なんどま《も》ふ《う》す御同朋達《おんどうぼうたち》、もてのほかにあらそひ《い》たまひ《い》て、いかでか聖人《しょうにん》の御《ご》信心《しんじん》に善信房《ぜんしんぼう》の信心《しんじん》ひとつにはあるべきぞ、とさ《そ》ふ《う》らひ《い》ければ、聖人《しょうにん》の御智《おんち》慧《え》才覚《さいかく》ひろくおは《わ》しますに一《ひとつ》ならんとま《も》ふ《う》さばこそひがごとならめ、往生《おうじょう》の信《しん》

を、勢観房《せいかんぼう》（源智。十三歳のとき法然上人の弟子となり、上人入滅まで十八年間常随した）・念仏房（往生院の念仏房といい、また念阿弥と号す。もと天台宗の学僧であったが、のちに法然上人の弟子となる）などといった仲間のお弟子がもってのほかと聞きとがめ、「どうして法然上人のご信心と善信房の信心が同じものだといえようか」と言い争いになった。そこで親鸞聖人は、「たしかに法然上人のお智慧や学問のひろさは抜群で、それに

心《じん》においては、またくことなることなし、たゞ《だ》ひとつなりと御返答《ごへんとう》ありけれども、なをい《お》かでかその義《ぎ》あらんといふ疑難《うぎなん》ありければ、詮《せん》ずるところ、聖人《しょうにん》の御《おん》まへ《え》にて、自他《じた》の是非《ぜひ》をさだむべきにて、この子細《しさい》をまふ《も》し《う》あげければ、法然聖人《ほうねんしょうにん》のおほ《お》せには、源空《げんくう》

わたしが同じだと言うのであればけしからぬことであろうが、往生を信ずる心だけはまったく同じで、そこになんの差もない」と返答されたのだが、それでもなお「そんなことはありえぬ」と非難囂々《ごうごう》であったので、では法然上人の御前《ごぜん》でどちらが正しいかを決定することにしようと、上人にこのありさまを申しあげた。そのとき、法然上人が言われたのは、「源空《げんくう》（法然）

が信心《しんじん》も如来《にょらい》よりたまはり《わ》たる信《しん》心《じん》なり、善信房《ぜんしんぼう》の信心《しんじん》も如来《にょらい》よりたまは《わ》らせたまひ《い》たる信心《しんじん》なり、さればたゞ《だ》ひとつなり、別《べつ》の信心《しんじん》にておは《わ》しまさんひとは、源空《げんくう》がまひ《い》らんずる浄土《じょうど》へは、よもまひ《い》らせたまひ《い》さ《そ》ふ《う》らは《わ》じと、お《お》ほせさ《そ》ふ《う》らひ《い》しかば、当時《とうじ》の一向専修《いっこうせんじゅ》

の信心だって如来よりいただいたもの、善信房（親鸞）の信心だって如来よりいただいた信心である。だから同じである。この源空の信心とちがった信心をおもちの人は、どうやらわたしの往《い》くお浄土に往けそうにないですね」ということばであった。どうやら最近の念仏者のうちにも、親鸞聖人のご信心とはちがった信心をおもちのかたがおられるように思われる。

のひと〲《びと》のなかにも、親鸞《しんらん》の御《ご》信心《しんじん》にひとつならぬ御《おん》こともさふ《そう》ら《ろ》うらんとおぼへ《え》さふらふ《そうろう》。

いづ《ず》れも〱《いずれも》くりごとにてさふ《そう》らへ《え》ども、かきつけさふらう《そうろう》なり。露命《ろめい》わづ《ず》かに枯草《こそう》の身《み》にか〵《か》りてさふらう《そうろう》ほどにこそ、あひ《い》ともなは《わ》しめたまふ《もう》ひと〲《びと》、御不《ごふ》

ここに記したのは、いずれも愚痴の繰り言であるが、書きつけてみた。枯れ草に結ぶ露の命の身であるので、これまでともにお念仏を称《とな》えてきた同行《どうぎょう》のかたがたのご不審をうかがって、

審《しん》をもうけたまは《わ》り、聖人《しょうにん》のおほ《お》せのさふ《そう》らひ《い》しおもむきをも、ま《も》ふ《う》しきかせまひ《い》らせさふ《そう》らへ《え》ども閉眼《へいがん》ののちは、さこそしどけなきことどもにてさふ《そう》らは《わ》んずらめと、なげき存《ぞん》じさふ《そう》らひ《い》て、かくのごとくの義《ぎ》どもおほ《お》せられあひ《い》さふら《そうろ》うひと〲《びと》にも、いひ《い》まよ

親鸞聖人が教えてこられたことの趣旨をお聞かせしてきたのだが、わたしが閉眼ののちは、きっとあれこれの説がいり乱れるにちがいないと、歎《なげ》かわしくなって書いたのだ。こうした誤った説を言い触らしている人々に、言い迷わされるようなことがあったときは、故聖人が気にいって用いておられた聖教《しょうぎょう》などをよくよくご覧になるとよい。

は《わ》されなんどせらる《る》、ことのさ《そ》ふ《う》らは《わ》んときは、故聖人《こしょうにん》の御《おん》こゝ《こ》ろにあひ《い》かなひ《い》て御《ご》もちゐ《い》さ《そ》ふ《う》ら《ろ》う御聖教《おんしょうぎょう》どもを、よく〱《よく》御《ご》らんさ《そ》ふ《う》ら《ろ》うべし。

おほ《お》よそ聖教《しょうぎょう》には、真実《しんじつ》・権《ごん》仮《け》ともにあひ《い》まじは《わ》りさ《そ》ふ《う》ら《ろ》うなり。権《ごん》をすてゝ《て》、実《じつ》をとり、仮《け》をさ

だいたいにおいて聖教には、真実と権仮《ごんけ》（真実に導くための仮の方便）がまじっている。そのうち、権《ごん》を捨てて実《じつ》をとり、

しおきて真《しん》をもちゐる《い》こそ、聖人《しようにん》の御本意《ごほんい》にてさふら《そう》へ《え》。かまへ《え》てかまへて《かまえて》聖教《しようぎよう》をみ、みだらせたまふ《もう》まじくさふらう《そうろう》。大切《たいせつ》の証文《しようもん》ども、少々《しようしよう》ぬきいでまひら《い》せさふ《そう》らう《ろ》て、目《め》やすにして、この書《しよ》にそへまひら《い》せてさふらう《そうろう》なり。聖人《しようにん》のつねのおほせ《お》には、弥陀《みだ》

仮《け》をとりのけて真《しん》を用いるのが、親鸞聖人のご本意なのである。どんなことがあろうと、聖教を見誤らぬようにしていただきたい。そのため、大事な証拠の文書類を少々抜き出して、目安のためにこの書に添えておいた。

の五劫思惟《ごこうしゆい》の願《がん》をよく〳〵案《よくあん》ずれば、ひとへに親鸞一人《しんらんいちにん》がためなりけり。されば、それほどの業《ごう》をもちける身《み》にてありけるを、たすけんとおぼしめしたちける本願《ほんがん》のかたじけなさよ、と御述懐《ごじゆつかい》さふらひ《そうい》しことを、いままた案《あん》ずるに、善《ぜん》導《どう》の「自身《じしん》はこれ現《げん》に罪悪生死《ざいあくしょうじ》の

親鸞聖人が常日ごろ言われていたのは、「阿弥陀仏《あみだぶつ》が五劫《ごこう》という長い時間をかけて思惟《しゆい》せられた誓願をよくよく考えてみれば、それはただ親鸞一人のためのものであった。だから、数多い業《ごう》をもった身でありながら、それでもたすけてやろうと言っていただける阿弥陀仏の本願が、かたじけなくてならないのだ」と述懐されたのだが、いままた考えてみると、善導大師《ぜんどうだいし》の「自分はいまなお罪悪を犯し、

凡夫《ぼんぶ》、曠劫《こうごう》よりこのかたつねにしづ《ず》みつねに流転《るてん》して、出離《しゅつり》の縁《えん》あることなき身《み》としれ」といふ金言《きんげん》に、すこしもたがは《わ》せおは《わ》しまさず。

されば、かたじけなく、わが御身《おんみ》にひきかけて、われらが身《み》の罪悪《ざいあく》のふかきほどをもしらず、如来《にょらい》の

生死の苦しみのうちにある凡夫《ぼんぶ》であって、永劫《えいごう》の昔から繰り返し繰り返し流転輪廻《るてんりんね》し、そこから脱却できぬ身であると知れ」といった金言と、聖人のことばがぴったり一致しているのである。

だから、かたじけないことに聖人はご自分の身にかこつけて、わたしたちが自分自身の罪の深いことを知らず、如来のご恩の高いことを知らずに迷っているのを、教えてやろうとされたのである。ほんとうに如来の

御恩《ごおん》のたかきことをもしらずしてまよへ《え》るを、おもひ《い》しらせんがためにてさふ《そう》らひ《い》けり。まことに如来《にょらい》の御恩《ごおん》といふ《う》ことをば、さたなくして、われもひとも、よしあしといふ《う》ことをのみまふ《もう》しあへ《え》り。聖人《しょうにん》のおほ《お》せには、善悪《ぜんまく》のふたつ惣《そう》じてもて存知《ぞんじ》せざるなり。そ

ご恩をそっちのけにして、わたしもひとも、善悪といったことばかり言いあっている。

親鸞聖人の仰せには、「善悪の二つについて、自分はなにも

のゆへ《え》は、如来《にょらい》の御《おん》こゝ《こ》ろによしとおぼしめすほどにしりとを《お》したらばこそ、よきをしりたるにてもあらめ、如来《にょらい》のあしとおぼしめすほどにしりとを《お》したらばこそ、あしさをしりたるにてもあらめど、煩悩具足《ぼんのうぐそく》の凡夫《ぼんぶ》、火宅無常《かたくむじょう》の世界《せかい》は、よろづ《ず》のことみなもてそらご

知らぬ。なぜなら、如来の御心《みこころ》に善しと思われるところまで知りぬいてこそ、善を知ったといえるのだ。如来が悪と思われるところまで徹底して知ったとき、悪を知ったといえるのである。けれども、わたしたちは煩《ぼん》悩《のう》にまみれた凡夫《ぼんぶ》であり、この世界は無常の火宅であって、すべてが嘘《うそ》いつわり、真実はなに一つない。そのなかで、ただお念仏だけが真実である」と言われたのであった。

とたわごと、まことあることなきに、たゞ《だ》念仏《ねんぶつ》のみぞまことにておは《わ》しますとこそ、おほ《お》せはさ《そ》ふ《う》らひ《い》しか。

まことに、われもひとも、そらごとをのみまふ《もう》しあひ《い》さふらふ《そうろう》なかに、ひとついたましきことのさ《そ》ふら《うろ》うなり。そのゆへ《え》は、念仏《ねんぶつ》ま《も》

まことに、われもひとも皆が嘘いつわりばかり言いあっているなかに、とりわけ歎かわしいことがある。それはなにかと言えば、お念仏を申すについて、

ふ《う》すについて、信心《しんじん》のおもむきをもたがひ《い》に問答《もんどう》し、ひとにもいひ《い》きかするとき、ひとのくちをふさぎ、相論《そうろん》をたゝ《た》〔かひ《い》かた〕んがために、またくおほ《お》せにてなきことをもおほ《お》せとのみま《も》ふ《う》すこと、あさましくなげき存《ぞん》じさ《そ》ふ《う》ら《ろ》うなり。このむねをよく〳〵《よく》おもひ《い》と

また信心のあり方を互いに論じあい、ひとに説き聞かせたりするときに、相手の口をふさぎ、論争に勝とうとするあまり、親鸞聖人が言われなかったことを、聖人のことばと言いくるめる者がいるのが残念で、歎かわしくてならないのである。この点に留意して、つねに気をつけていなくてはならない。

きこゝろえらるべきことにさふら《そうろ》う。

これさらにわたくしのことばにあらずといへ《え》ども、経釈《きょうしゃく》のゆくぢ《じ》もしらず、法文《ほうもん》の浅深《せんじん》をこゝ《こ》ろえわけたることもさふら《そうろ》はねば、さだめておかしきことにてこそさ《そ》ふら《うわ》はめども、古親鸞《こしんらん》のおほ《お》せご

これらのことは決して自分勝手なことばではないのだが、わたしは経典や注釈書の趣も知らず、教説の文章の浅い深いも見きわめていないので、きっとおかしい点もあるにちがいないが、いまは亡き親鸞聖人が教え語られたことのうちの百分の

とさふ《そう》らひ《い》しおもむき、百分《ひやくぶん》が一《ひとつ》、かたはしばかりをおもおもひ《い》いでまひ《い》らせて、かきつけさふら《そうろ》うなり。

かなしきかなや、さひはひ《いわい》に念《ねん》仏《ぶつ》しながら、直《ただち》に報土《ほうど》にむまれずして辺地《へんじ》にやどをとらんこと、一《いつ》室《しつ》の行者《ぎようじや》のなかに信心《しんじん》ことなるこ

一、ほんの断片にすぎぬのだが、思い出しながら書きつけたのである。

悲しいことではないか、せっかくお念仏をしながら、すぐに真実のお浄土に生まれることができず、いったんお浄土の辺境の地に生まれねばならぬとしたら。同じお念仏の仲間のうちに信心の異なる人が出ないように

となからんために、なく〱《なく》ふでをそめてこれをしるす。なづけて『歎異抄《たんにしよう》』といふ《う》べし。外《げ》見《けん》あるべからず。

と願って、涙を流しつつ筆をとってこれを記した。名づけて『歎異抄《たんにしよう》』という。どうか公表しないでほしい。

〔附録〕

後鳥羽院《ごとばいん》の御宇《ぎょう》、法然聖人他力本願念《ほうねんしょうにんたりきほんがんねん》仏宗《ぶつしゅう》を興行《こうぎょう》す。時《とき》に興福寺《こうふくじ》の僧侶上《そうりよかみ》に敵奏《てきそう》す。御弟子《おんでし》中 狼藉子細《ちゅうろうぜきしさい》あるよし、無実《むじつ》の風聞《ふうぶん》によりて罪科《ざいか》に処《しょ》せらる《る》、人数《にんじゅ》の事《こと》。

一《ひとつ》。法然聖人《ほうねんしょうにん》 幷《なら》びに御弟子《おんでし》七人《にん》流《る》罪《ざい》。又御弟子《またおんでし》四人《にん》死罪《しざい》におこなはる《わる》、なり。聖人《しょうにん》は土《と》佐国《さのくに》番多《はた》といふ《う》所《ところ》へ流《る》

親鸞流罪の記録

後鳥羽院《ごとばいん》の治世に、法然上人《ほうねんしょうにん》は他《た》力《りき》本願による念仏宗を弘《ひろ》められた。その時、興福寺《こうふくじ》の僧侶《そうりょ》たちは、これに敵意をもって上奏した。上人のお弟子のうち無法の行いをする者がいるとあれこれ言いたて、そうした無実の風聞によって罪科に問われ、処分された人々のこと。

一、法然上人ならびにお弟子のうち七人は流罪。また、お弟子のうち四人は死罪に処せられた。上人は土《と》佐国《さのくに》の幡多《はた》という所へ流罪、罪人として

罪《ざい》、罪名藤井元彦男云々《ざいめいふじいのもとひこおとこうんぬん》、生年《しょうねん》七十六歳《さい》なり。

親鸞《しんらん》は越後国《えちごのくに》、罪名藤井善信云々《ざいめいふじいのよしざねうんぬん》、生《しょう》年《ねん》三十五歳《さい》なり。

浄聞房《じょうもんぼう》　備後国《びんごのくに》　澄西禅光房《ちょうさいぜんこうぼう》　伯耆国《ほうきのくに》

好覚房《こうかくぼう》　伊豆国《いずのくに》　行空法本房《ぎょうくうほうほんぼう》　佐渡国《さどのくに》

幸西成覚房《こうさいじょうかくぼう》・善恵房《ぜんえぼう》二人《にん》、同《おな》じく遠流《おんる》にさだまる。しかるに無動寺《むどうじ》の善題大《ぜんだいだい》僧正《そうじょう》、これを申《もう》しあづ《ず》かると云々《うんぬん》。

遠流《おんる》の人々《にんにん》、已上《いじょう》八人《にん》なりと云々《うんぬん》。

の俗名は藤井元彦、男性、等々、年齢は七十六歳であった。

親鸞《しんらん》は越後国《えちごのくに》へ、罪人としての俗名は藤井善信《よしざね》等々、年齢は三十五歳であった。

浄聞房《じょうもんぼう》は備後国《びんごのくに》、澄西禅光房《ちょうさいぜんこうぼう》は伯《ほう》耆国《きのくに》、好覚房《こうかくぼう》は伊豆国《いずのくに》、行空法本房《ぎょうくうほうほんぼう》は佐渡国《さどのくに》。

幸西成覚房《こうさいじょうかくぼう》と善恵房《ぜんえぼう》の二人も同じく遠流《おんる》に決められた。しかしながら無動寺の善題大僧正（天台座主《てんだいざす》であった慈鎮《じちん》和尚慈円のこと）がこの二人の身柄を預かることになった。

遠流に処せられた人々は以上の八人である。

死罪《しざい》に行《おこな》はる、人々《にんにん》。
一番《ばん》　西意善綽房《さいいぜんしやくぼう》
二番《ばん》　性願房《しようがんぼう》
三番《ばん》　住蓮房《じゆうれんぼう》
四番《ばん》　安楽房《あんらくぼう》
二位法印尊長《にいのほういんそんちよう》の沙汰《さた》なり。
親鸞《しんらん》、僧《そう》の儀《ぎ》を改《あらた》めて俗名《ぞくみよう》を賜《たま》ふ、仍《よ》て、僧《そう》に非《あら》ず俗《ぞく》に非《あら》ず、然《しか》る間《あい》だ禿《とく》の字《じ》を以《も》て姓《しよう》と為《な》して奏聞《そうもん》を経《へ》られ了《おわ》んぬ。彼《か》の御申《おんもう》し状《じよう》、今《いま》に外記庁《げきちよう》に納《おさま》る

死罪になった人々。
一番　西意善綽房《さいいぜんしやくぼう》
二番　性願房《しようがんぼう》
三番　住蓮房《じゆうれんぼう》
四番　安楽房《あんらくぼう》
二位の法印尊長の裁定によるものである。
親鸞は僧籍を剝奪《はくだつ》されて俗名を与えられた。したがって僧ではないし俗ではない。それゆえ、〝禿《とく》〟の字をもって姓とすることを朝廷に奏上する手続きをとった。そのときの申告の書類が現在も外記庁《げきちよう》（記録文書を保管する役所）に納められているという。
そのようなわけで、流罪以後は

と云々《うんぬん》。

流罪以後《るざいいご》、愚禿親鸞《ぐとくしんらん》と書《か》かしめ給《たも》ふなり。

〔奥書〕

右《みぎ》、この聖教《しょうぎょう》は、当流大事《とうりゅうだいじ》の聖教《しょうぎょう》たるものなり。無宿善《むしゅくぜん》の機《き》においては左右《そう》なくこれを許《ゆる》すべからざるものなり。

釈《しゃく》・蓮如《れんにょ》（花押《かおう》）

〝愚禿《ぐとく》親鸞〟と自署されるようになった。

蓮如の書き入れ

右にあるごとく、この『歎異抄《たんにしょう》』は、わが浄土真宗にとって大切な聖《しょう》教《ぎょう》にあたるものである。善根を宿していない人たちに対しては、みだりにこれの拝読を許すべきではない。

釈・蓮如（花押）

『歎異抄』はどんな本か

法然べったりの親鸞

『歎異抄《たんにしょう》』は独特の魅力を持った仏教書です。その魅力のゆえに、近現代の日本において、最高の読者を獲得した仏教書であります。

では、その魅力とは何でしょうか……？

まず、ここには、親鸞《しんらん》（一一七三―一二六二）という思想家が登場していることです。親鸞は、周知のごとく、浄土真宗の開祖です。今日において事典的に彼を紹介するとすれば、彼に「浄土真宗の開祖」といった肩書きをつけるよりほかありません。

だが、親鸞は、本当に浄土真宗の開祖となりたかったのでしょうか。そうではなかったと思います。彼は、法然《ほうねん》（一一三三―一二一二）の弟子であることに満足していました。

親鸞におきては、たゞ念仏して弥陀《みだ》にたすけられまひらすべしと、よきひとのおほせをかぶりて信ずるほかに、別の子細なきなり。

『歎異抄』の中で、彼はそう言っています（第二段）。ここで〝よきひと〟というのは法然上人《しょうにん》です。自分は、ただお念仏を称《とな》えて阿弥陀仏《あみだぶつ》に助けていただくだけだと法然上人から教わった、そのことを信ずる以外に何もない。親鸞はそう言っています。

そして、それに続けて、

たとひ法然聖人にすかされまひらせて、念仏して地獄におちたりとも、さらに後悔すべからずさふらう。

と断言しています。かりに法然上人の教えがまちがっていて、それに騙《だま》されて地獄に堕《お》ちる結果になっても、自分は後悔しないというのです。その意味では、親鸞は法然べったりでした。

親鸞が法然に出会ったのは、親鸞が二十九歳のときです。二人の年齢差は四十ですから、法然が六十九歳のときでした。親鸞は比叡山《ひえいざん》にいたのですが、その比叡山の仏教

(天台宗《てんだいしゅう》の教え)に疑問を感じて、法然の教える「本願他力《たりき》」の教えに回心しました。

けれども、親鸞が法然に師事したのはわずか六年でした。親鸞が三十五歳のとき、朝廷による念仏弾圧のために越後《えちご》(新潟県)に流罪になります。このとき法然も四国に流されました。四年後、親鸞は赦免になりますが、彼は京都に帰りません。赦免になって三年後に、彼は家族とともに常陸《ひたち》(茨城県)に移住します。そして約二十年間、関東各地を流浪して布教につとめました。

関東での布教を終えて、彼が京都に帰ったのは六十二、三歳のころです。以後、九十歳で没するまで、彼は京都にいました。『歎異抄』第二段には、この京都に住む親鸞のもとに、関東の弟子たちが訪ねて来た出来事が書かれています。学者の考証によって、『歎異抄』の作者と比定される唯円《ゆいえん》(生没年不詳)は、その関東からやって来た人々の一人とされています。

実践の人=法然、思索の人=親鸞

親鸞は法然の忠実な弟子です。それはまちがいありませんが、二人の性格はまるで違

っています。あまりにも大雑把な言い方になりますが、
法然は……実践者であり、
親鸞は……思索家であった、
と言えそうです。宗教家にもいろいろタイプがありますが、法然は実践の人です。それに対して親鸞は思索の人でした。
そして、
法然は……「念仏為本《いほん》」の教えを、
親鸞は……「信心為本」の教えを、
説きました。念仏というのは二人にあっては、「南無《なむ》阿弥陀仏」と称える口称《くしょう》念仏であり、これは「阿弥陀仏にすべてをおまかせします」といったいわば決意表明でありま す。法然は、その決意表明である「南無阿弥陀仏」といった念仏をすることが大事だと考えたのです。すなわち実践です。それに対して親鸞は、すべてを阿弥陀仏にまかせる、その決意、すなわち信心が基本だとしたのです。
したがって、親鸞においては、念仏という実践あるいは修行、行為はむしろ二義的に

なります。極端な言い方をすれば、念仏はしないでもいいのです。そのことは、『歎異抄』の中で明らかにされています。

弥陀の誓願不思議にたすけられまひらせて往生をばとぐるなりと信じて、念仏まふさんとおもひたつこゝろのおこるとき、すなはち摂取不捨《せつしゆふしや》の利益《りやく》にあづけしめたまふなり。

これは第一段の冒頭の文章ですが、ここではっきりと、念仏しようと思う心が起きた瞬間、瞬間というのは「すなわち（即）」ですが、それと同時にわれわれは阿弥陀仏の利益にあずかっているのです。念仏しようと思った瞬間に救われているのであれば、念仏はする必要はありません。

また、第八段には、

念仏は……わがはからひにて行ずるにあらざれば非行《ひぎよう》といふ

とあります。それは「非行」です。実践・行為ではないのです。阿弥陀仏がわたしに念仏させてくださるのであって、わたしが念仏するのではありません。

これでおわかりのように、法然と親鸞の考え方には大きな差があります。法然は念仏をすることを重んじました。実践をすることによって、信仰が深まってくる。彼はそのように考えたのです。だから法然は、その生涯に何度も百万遍《ひやくまんべん》念仏をおこなっています。彼は実践の人でありました。

しかし親鸞は、他力の信仰というのはいっさいを阿弥陀仏におまかせすることであり、おまかせした以上は少しでも自力《じりき》の行為があってはならないと考えました。それゆえ、念仏という行為さえも、自力になるのではないかと彼は惧《おそ》れたのです。親鸞は思索の人であり、理論家でした。

「非僧非俗」の道を歩んだ親鸞

このように、法然と親鸞の考え方は大きく違っています。けれども、にもかかわらず、親鸞は法然の弟子でした。親鸞は生涯、法然の弟子でありつづけようとしたのです。

じつは親鸞は、越後に流罪になったとき、

――非僧非俗――

に生きようと決意しました。朝廷は念仏者を弾圧して、彼から僧籍を剝奪《はくだつ》しました。したがって、彼は僧ではありません。でも、だからといって、俗人になったのでは、あまりにも権力の言いなりです。惨めです。ですから彼は、「僧にあらず、俗にあらず（非僧非俗）」の生活をしようとしたのです。

そして、その一つの表れが結婚です。親鸞には複数の妻があり、流罪になる前にすでに結婚していたとの説もありますが、わたしは、親鸞は権力にプロテスト（抗議）して、自分は「非僧非俗」の道を歩むとマニフェスト（宣言）するために、流罪地において結婚したのだと思っています。

もう一つの表れは、関東への移住です。赦免されたとき、普通であれば故郷の京都に帰るでしょう。けれども、赦免されてすぐに京都に帰ったのでは、これもまた権力の言いなりになってしまいます。卑屈です。だから親鸞は京都に帰らずに、関東に向かいました。

したがって、関東での布教は僧の立場でなされたものではありません。彼は「非僧非俗」の立場に立って、自分の信心を人々に教えたのです。

その意味では、親鸞に教団をつくる意志はなかったのです。彼は一人の念仏者として、人々に自己の信心を語り聞かせていました。その場合の彼の根本思想は、

如来よりたまはりたる信心

でした。この言葉は、『歎異抄』の「結文」に出てくるものです。わたしが自由意志でもって阿弥陀仏を信ずるのではありません。阿弥陀仏のほうから、わたしをして信じさせてくださるものです。それが如来（阿弥陀仏）からいただいた信心です。つまり、絶対他力です。

そして親鸞は、やがて気がつきます。如来よりいただく信心であれば、なにも親鸞が布教をつづける必要はないのです。布教は如来がご自身でされます。

そうであれば、親鸞は「非僧非俗」である必要はありません。赦免になったとき、彼は「非僧」を貫くために京都に帰らなかったのですが、なにも意地を張って「非僧」である必要はないのです。それに気づいた親鸞は、六十二、三歳ごろに関東の地を去って京都に帰ります。親鸞が京都に帰った時期も動機も不明ですが、その動機に関してはわたしはこのように推理しています。じつは、京都に帰った親鸞は、妻の恵信尼《えしんに》を伴っていません。恵信尼は自身の故郷である越後に帰っています。恵信尼と別れた理由は、親鸞はもはや「非僧非俗」である必要がなくなったからだと思います。親鸞は京都移住を契機に、もう一度「出家」をしたのだと思います。

『歎異抄』の作者と組織

京都に帰った親鸞は『教行信証《きょうぎょうしんしょう》』の執筆に専念します。もっともこの『教行信証』は、親鸞はすでに東国在住時代に一応まとめていたようですが、それに死ぬまで手を入れています。念仏に関する要文《ようもん》を集めて、それに自分の解釈を加えた書です。ここには親鸞の哲学が開陳されています。何度も繰り返しますが、彼に新教団を設立する意志はなかったのですが、彼の没後に弟子たちはこの『教行信証』をもって浄土真宗を開きました。したがって『教行信証』が、浄土真宗の立教開宗の根本聖典とされます。

さて、親鸞が京都に帰ったあとの関東の弟子たちですが、師を失った彼らのあいだにはいろいろと動揺が起きます。師の教えをそれぞれが勝手に解釈するために異義が生じ、対立が生じたのです。彼らは京都に書簡を送って師の教えを請うたり、ときには数人で上京して、親鸞から教えを受けました。そのことは『歎異抄』の第二段に語られています。

おの〱十余ケ国のさかひをこえて、身命《しんみょう》をかへりみずしてたづねきたらしめたまふ御《おん》こゝろざし、ひとへに往生極楽のみちをとひきかんがためなり。

しかし、こうしてやって来た弟子たちに対して、親鸞の応対はいささか冷たかったようです。そのことは第二段を読まれるとわかるでしょう。なぜ親鸞は冷たかったのか

……？　彼は、『歎異抄』の第六段で言っていますが、

親鸞は弟子一人ももたずさふらう。

であって、すべての人の信心は阿弥陀如来からいただくものです。だから、関東の門弟たちが親鸞の弟子だとは認識していなかったのです。

まあ、それはともかく、はるばる関東から京都にまで訪ねて来た門弟の一人に、

――唯円――

がいました。そしてこの唯円が『歎異抄』の作者に考証されています。その理由は、『歎異抄』の序文に、

故親鸞聖人《しょうにん》の御《おん》物語の趣《おもむき》、耳の底に留《とど》むる所、聊《いささ》か之《これ》を注《しる》す。

とあることで、作者が親鸞の直弟子であることがわかります。また、第十段に、

そもそもかの御在生《ございしょう》のむかし、おなじくこころざしをして、あゆみを遼遠《りょうえん》の洛陽《らくよう》にはげまし、……

とありますから、『歎異抄』の作者が京都に親鸞を訪ねた関東の弟子の一人であることが推定されるのです。

さらにまた『歎異抄』第九段に、

親鸞もこの不審ありつるに、唯円房おなじこころにてありけり。

という文章があり、第十三段には、

またあるとき、唯円房はわがいふことをば信ずるかと、おほせのさふらひしあひだ、……

とあり、これらも『歎異抄』の作者が唯円であることを傍証するものです。
ただし、親鸞の門弟の名を記した『親鸞聖人門侶交名牒《もんりょきょうみょうちょう》』には、〝唯円〟の名が四名あります。今日『歎異抄』の作者とされているのは、そのうちの常陸河和田《かわわだ》に住む唯円です。

では、唯円はどういう意図でもって『歎異抄』をつくったのでしょうか……?

それは序文に明らかにされています。すなわち、親鸞の没後、門弟たちのあいだで師が説かなかった異端・邪説がはびこるようになったことを歎《なげ》いてつくられたものです。つまり、『歎異抄』は文字通りに「異を歎いた」ものです。『歎異抄』がつくられたのは、たぶん親鸞没後二、三十年のころであったと推測されます。

そのために唯円は、まず序文を置き、つづけて親鸞の語録をつくりました。第一段から第十段の前半がそれです。わたしはこれを「第一歎異抄」と名づけています。異端・邪説を「まちがっている」と言うためには、基準になる正しいものが示されねばなりません。それが親鸞の語録です。

その「第一歎異抄」にもとづいて「第二歎異抄」がつくられます。こちらのほうは唯円の歎きです。「第二歎異抄」は、第十段の後半からはじまり、この第十段の後半を別の序文にして、第十一段から第十八段まであり、そして最後に唯円の述懐（結文）が置かれています。

『歎異抄』の位置づけ

すでに述べたように、親鸞には『教行信証』といった著作があります。これは親鸞のライフ・ワークとも言うべきもので、親鸞は死ぬまでこの書に筆を入れていました。その意味では、いわば『教行信証』は未完の大著です。

ところが『歎異抄』は、親鸞自身による著作ではありません。唯円という一人の弟子によってつくられた著作です。

それゆえ、親鸞を真に理解するためには『教行信証』によるべきであって、『歎異抄』によって親鸞を理解しようとするのはまちがいだ、と主張する学者が多いのです。

その主張は、学問的にはそのとおりでしょう。

けれども、わたしは、それとはちょっと違うことを考えています。思想家としての親鸞と、宗教者親鸞という宗教思想家には、二つの側面があります。思想家としての親鸞と、宗教者としての親鸞です。

この点に関しては、親鸞の師である法然と大きく違っています。法然にはあまり思想家としての面は強くありません。法然はあくまでも実践者（それゆえ、宗教者）でした。

その意味では、親鸞は、同じく鎌倉時代の仏教者であった道元《どうげん》（一二〇〇―五三）と似ています。道元は宗教者であると同時に思想家でもありました。

で、わたしは、思想家としての親鸞を理解するには『教行信証』が、宗教者としての親鸞を理解するには『歎異抄』が最適の文献であると思っています。というのは、その人の思想（哲学）を理解するには本人の著作が第一の資料です。思想（哲学）は書斎の中でつくられ、練り上げられます。

けれども、宗教活動には、メッセージの発信者と受信者が必要です。したがって、書斎の中では宗教活動は不可能です。そして、宗教活動においては、メッセージの発信者の意志よりも、受信者がそれをどう聴聞したかが重要なのです。

だから、仏教の開祖である釈迦《しやか》には著作はありません。仏教経典は、基本的には、

如是我聞《によぜがもん》（かくのごとくわれ聞けり）

ではじまります。弟子が釈迦の言葉をどのように聞いたかが大事なのです。

同様にキリスト教の『新約聖書』も、イエスが書いたものではありません。マタイ、マルコ、ルカ、ヨハネといった弟子たちによって書かれたものです。

だとすれば、『歎異抄』が親鸞その人ではなしに親鸞の弟子によってつくられたことは、決して『歎異抄』の価値を貶《おとし》めるものではありません。『歎異抄』は宗教書です。哲学書ではありません。ならば、むしろ弟子によってつくられるべきです。そのようにも言うことができます。

そしてわれわれは、『歎異抄』が唯円というすばらしい弟子によってつくられたことを喜ぶべきです。これが唯円以外の凡庸な弟子によって書かれていれば、『歎異抄』はこれほど多くの読者を獲得できなかったであろうと思われます。

何度読み返しても、そのたびにわたしは『歎異抄』に感動します。宗教書として最高峰の書物だと思います。

そして、こんなことを言えば、親鸞の教団の人から叱《しか》られそうですが、もしも『歎異抄』がなくて、ただ『教行信証』だけしかなかったとしたら、親鸞の魅力は半減していただろうと思うのです。それほどに『歎異抄』はすばらしい書物です。わたしはそう思っています。

『歎異抄』をどう読むか

一　悪人について

蜘蛛の糸をのぼるのがオーソドックスな仏教

芥川龍之介《あくたがわりゅうのすけ》（一八九二―一九二七）に『蜘蛛《くも》の糸』と題する短編小説があります。

或日《あるひ》の事でございます。御釈迦様《おしゃかさま》は極楽《ごくらく》の蓮池《はすいけ》のふちを、独《ひと》りでぶらぶら御《お》歩《ある》きになつていらつしやいました。

という書き出しで始まります。極楽世界の仏は阿弥陀仏《あみだぶつ》なのに、そこに釈迦を登場させたのは芥川のちょっとしたミスです。

極楽の蓮池の下は、ちょうど地獄の底に当たっています。

お釈迦さまは、その地獄に苦しむ犍陀多《かんだた》という罪人を見つけます。犍陀多は悪事の限りを尽くした大泥坊です。しかし、その彼も、たった一つの善行をしていました。一匹の蜘蛛の命を助けてやったのです。

そこでお釈迦さまは、蓮の葉の上にいる蜘蛛から糸を取って、まっすぐ地獄の犍陀多に下ろしてやりました。犍陀多は地獄から脱出するため、その蜘蛛の糸をたぐりのぼります。

だが、地獄と極楽のあいだは何万里とあります。疲れた犍陀多は途中で休みます。そして下を見てびっくりします。数限りない罪人たちが蜘蛛の糸をのぼって来るのです。自分一人でさえ断《き》れそうな蜘蛛の糸です。思わず彼は喚《わめ》きました。

「こら、罪人ども。この蜘蛛の糸は己《おれ》のものだぞ。お前たちは一体誰《だれ》に尋《き》いて、のぼって来た。下りろ。下りろ。」

そのとたん、蜘蛛の糸はぷつりと断《き》れて、犍陀多は地獄に落ちて行くのです。

お釈迦さまはその一部始終を見ておられ、悲しそうな顔をしながらまた蓮池のほとりの散策をつづけられました。

『蜘蛛の糸』は、そんなストーリーの短編です。

ところで、仏教とは何でしょうか……？　わたしは、仏教とは、譬《たと》えて言えばこの蜘蛛の糸をのぼる行為だと思います。地獄は煩悩《ぼんのう》の世界です。極楽は、その煩悩が克服された境地です。われわれの内にある煩悩を克服して、煩悩のない理想の境地に到達することが、仏教の目的です。

では、どうすれば蜘蛛の糸をのぼれるでしょうか？　何万里という距離をのぼる力がわれわれにあるでしょうか？　われわれであれば、あとからあとからのぼってくる人々を見て、蜘蛛の糸が切れると心配になり、

「おまえたちは下りろ！」

と叫びたくなるでしょう。そして犍陀多と同じく、地獄に舞い落ちる結果になりそうです。

どうやら絶望的です。

けれども、にもかかわらずわれわれは蜘蛛の糸をのぼらねばなりません。自分の力でもって蜘蛛の糸をのぼるのが仏教なんです。

では、どのようにすれば、蜘蛛の糸をのぼることができるでしょうか？

その点に関しては、わが国、曹洞宗《そうとうしゅう》の開祖の道元《どうげん》がこう言っています。

ただわが身をも心をもはなちわすれて、仏のいへになげいれて、仏のかたよりおこなはれて、これにしたがひもてゆくとき、ちからをもいれず、こころをもつひやさずして、生死《しょうじ》をはなれ、仏となる。（『正法眼蔵《しょうぼうげんぞう》』生死）

この身を救いたい、自分が救われたいと願う心を忘れてしまって、仏の家に自分を投げ入れます。この場合、蜘蛛の糸が仏の家です。そして、どこまでのぼればいいのだろうかと上を見ることもなく、またどれだけのぼってきたかと下を見ることもなく、ただ無心に蜘蛛の糸をのぼります。下を見ることはないから、あとから大ぜいがのぼって来ていることにも気づきません。いわば自分自身が蜘蛛の糸（＝仏の家）になりきるのです。そうすれば、生死（＝地獄）を離れて仏（＝極楽）となることができる。道元はそう言っています。

じつは、これがオーソドックスな仏教です。このオーソドックスな仏教が、自力《じりき》の仏教であり、聖道門《しょうどうもん》の仏教と呼ばれるものです。

善行によっては救われない悪人

だが、しかし。

そのようなオーソドックスな仏教によって救われる人は、ごく少数のエリートです。大多数の人間は犍陀多と同じです。蜘蛛の糸をのぼりはじめても、途中で失敗するにきまっています。

では、その大多数の人間はどうすればよいでしょうか……？

その問いに答えを与えたのが法然《ほうねん》です。

法然は、オーソドックスな仏教に対して、

——他力《たりき》の仏教——

を提唱しました。他力というのは、自分の力ではなしに仏の力によって救われるのです。蜘蛛の糸で言えば、わたしたちはただ蜘蛛の糸につかまるだけでいいのです。そうすると極楽世界のほうから阿弥陀仏がその糸を引っ張り上げてくださいます。極楽世界に往《い》くことができれば、われわれはそこで修行をして、悟りを開くことができます。

法然はそのような仏教を説きました。これを他力の仏教、あるいは浄土門の仏教と言います。

そして、親鸞《しんらん》は法然の弟子です。

だから、親鸞は基本的には法然の考え方に立っています。

しかし、それだけではありません。親鸞は法然の説いたところから、さらに一歩を進めたのです。

「でも、蜘蛛の糸につかまることすらできない人がいるはずだ。ひょっとしたら、途中で蜘蛛の糸につかまっている手を放すかもしれない。そういう人は救われないのだろうか……?」

それが親鸞の疑問です。

彼は「他力」といった概念をぎりぎりまで追究します。蜘蛛の糸につかまるといった行為すらも、彼には自力になってしまうのです。

そして、「他力」をぎりぎりまで追い詰めたとき、親鸞はそこに、

――悪人――

を見いだしたのです。阿弥陀仏の救済力――それが「弥陀《みだ》の誓願」です――によってしか救われない人間、親鸞はそのような人間を〝悪人〟と呼びました。

いいですか、蜘蛛の糸は「善」なのですよ。犍陀多は悪人ですが、彼は蜘蛛を助けるというたった一つの「善い事」をしています。だから、蜘蛛の糸はその善行に対する報酬であり、犍陀多のものであり、彼はそれによって助かろうとしたのです。そして、善行によって助かろうとするのは自力の行為であり、所詮《しょせん》悪人は善行によっては助からないのです。親鸞はそう考えました。

では、悪人はどうすれば救われるのでしょうか……?

親鸞はこう考えました。

いま、極楽世界からお釈迦さまが、

「親鸞よ、この蜘蛛の糸をのぼっておいで――」

と、一本の蜘蛛の糸を垂らしてくださいました。それに対して親鸞はこう言います。

「お釈迦さま、ありがとうございます。そのご好意には感謝しますが、わたくし、親鸞は悪人でございます。とてもとても、その糸をのぼる力はわたしにはございません。また、悪人のわたしは、わたしのあとからこの蜘蛛の糸をのぼって来る大ぜいの人々を見て、きっと犍陀多のように、

『この蜘蛛の糸はおれさまのものだぞ！　おまえたちのものじゃない！　おまたちは下りろ、下りろ！』

と叫ぶに違いありません。わたしはそのような人間です。ですから、わたしはあきらめます。お釈迦さまには申し訳ありませんが、蜘蛛の糸はのぼりません。わたしは、阿弥陀さまがわたしを救ってくださるのを待つことにします。もしも阿弥陀さまの救いがなくて、わたしがこのまま地獄にいるのであれば、きっと地獄がわたしの安住の場所なんだと思います。それでいいのです。わたしはすべてを阿弥陀仏におまかせします。南《な》

無《む》阿弥陀仏。南無阿弥陀仏」

そして、親鸞がそう言ったとたん、彼はすでに極楽世界にいるのです。いや、親鸞がそう言ったとたん――ではありません。親鸞がそう言おうと思ったとたん――です。「南無阿弥陀仏」のお念仏は、阿弥陀仏にすべてをおまかせしますといった決意表明ですが、そのような決意表明を口にしようと思った瞬間、われわれは阿弥陀仏に救われているのです。

それが、前にも引用しました『歎異抄《たんにしょう》』第一段の言葉です。

> 弥陀の誓願不思議にたすけられまひらせて往生をばとぐるなりと信じて、念仏まふさんとおもひたつこゝろのおこるとき、すなはち摂取《せつしゆ》不《ふ》捨《しや》の利益《りやく》にあづけしめたまふなり。

われわれ悪人は蜘蛛の糸をのぼることはできません。悪人は阿弥陀仏の不思議な救済力（弥陀の誓願不思議）によってしか救われないのです。それゆえ、われわれは自分がとんでもない悪人であることを自覚したとき、すべてを阿弥陀仏におまかせしようという気持ちになりますが（念仏まふさんとおもひたつこゝろのおこるとき）、その瞬間（すなはち）、わたしたちはお浄土に救い取られているのです。

親鸞はそう言っています。これが親鸞の他力の仏教です。

善人とは自己の善行によって救われると錯覚している人

『歎異抄』の第三段には、例の有名な逆説の言葉が出て来ます。

善人なをもて往生をとぐ、いはんや悪人をや。

これは「悪人正機《しょうき》」の思想と呼ばれるものです。じつはこの言葉、最近の研究によると、親鸞の言葉ではなしに法然の言葉だとされています。

たしかに、法然にこの言葉はあります。だから、この言葉のオリジナリティー（独創性）は法然にあるでしょう。

だが、それがいずれの言葉か、オリジナリティーの穿鑿《せんさく》など、どうだっていいのです。われわれが知っておくべきことは、法然がこの言葉を言った意味と、親鸞が言った意味とは違っていることです。

法然が「善人でさえ往生できるのだから、悪人が往生できるのはあたりまえ」と言ったとき、彼は阿弥陀仏の救済力の平等性を説いたのです。阿弥陀仏はすべての人を無差別平等に救われます。阿弥陀仏はだれ一人として救済の対象外にされません。そうだとすれば、いちばん阿弥陀仏の救済力を必要としている者に、阿弥陀仏はその救済力を発揮されるはずです。ちょうど親が、病気の子どもを庇護《ひご》するのと同じです。親にすればどの子も平等にかわいいのですが、元気な子どもはちょっとほうっておいても大丈夫です。でも、病気でいる子は親の助けを必要としています。同様に、善人はなんとか自分でやっていけるでしょうが、悪人は阿弥陀仏の救済力を必要としているのです。だから、阿弥陀仏は悪人を第一に救われようとされるのです。法然はそう考えました。

しかし、親鸞の考えは、師の法然といささか違っています。

親鸞は、先ほど述べたように、阿弥陀仏の救済力によってしか救われない人間を「悪人」と考えました。ということは、親鸞において「善人」とは、自己の善行・善業によって地獄から脱出できる人間なんです。

われわれが普通に「善人」「悪人」と言う場合、悪人といえば犯罪者であり、犯罪行為をやっていない人が善人とされます。でも、親鸞が言う「善人」「悪人」はそれとは違っています。その点に注意してください。

そして、よくよく考えてみれば、親鸞の言う「善人」――つまり、自己の善行・善業によって救われる人――なんてめったにいないのです。われわれの大多数は「悪人」です。すなわち、阿弥陀仏の救済力によってしか救われない人間です。

にもかかわらず、多くの人は自分を「善人」だと思っています。自分が「悪人」だということに気づいていないのです。そういう人は、名前をつけるとすれば、「偽善者」になるでしょう。

そういう偽善者（実際は悪人であるのに、自分で善人だと思っている人）であっても、きっと阿弥陀仏は救われます。だとすれば、自分は阿弥陀仏によってしか救われないのだと自覚している悪人を、阿弥陀仏が真っ先に救われるのは当然ではないでしょうか。

それが、親鸞の言う、

善人なをもて往生をとぐ、いはんや悪人をや。

です。法然のそれとは少し違っていることがおわかりいただけたでしょうか。

本願ぼこりはいけないのか？

『歎異抄』第十三段において、唯円《ゆいえん》は、

――本願ぼこり――

について論じています。

本願ぼこり（本願誇り）というのは、阿弥陀仏の本願はあらゆる念仏の衆生を救済することであり、とりわけ罪の深い悪人の救いを第一とされるといった「悪人正機」の教えを曲解し、だからわたしたちは悪人にならねばならぬ――と主張する信仰です。ある意味で、阿弥陀仏の本願に甘えてつけあがっているのです。

この本願ぼこりは、法然の思想からは出てきますが、親鸞の思想からは出てくるはずがありません。

法然の「悪人正機」は、親が病気の子どもをほかの元気な子どもより以上にかわいがるようなものです。だから、親にかまってもらいたくて、「ぼくも病気になりたい……」と思う子どもの心理が本願ぼこりです。その気持ち、わからないでもありません。

ところが、親鸞は違います。彼の「悪人正機」では、阿弥陀仏の本願力《ほんがんりき》によってしか救われない存在が悪人であって、それゆえ、われわれ凡夫はみんな悪人でしかないのです。にもかかわらず、わざわざ悪人ぶるのが本願ぼこりの人ですから、これはいわば「偽悪者」ということになりそうです。

そう考えるなら、偽善者よりは偽悪者のほうがはるかにかわいい存在です。偽善者は、自分が悪人であることを認識せず、自分の善行によって救われると思っている人間で、小憎らしい存在です。しかし偽悪者のほうは、自分の悪人ぶりを演じて見せる人間で、ちょっとパフォーマンスが過ぎますが、それはそれでご愛敬《あいきょう》と言うべきでしょう。

したがって、『歎異抄』第十三段において唯円は、本願ぼこりをそれほど非難してい

ません。むしろ本願ぼこりを批判する人たちを逆に批判しています。なぜかと言えば、

故聖人《しょうにん》のおほせには卯《う》毛羊毛《もうようもう》のさきにいるちりばかりも、つくるつみの宿業《しゅくごう》にあらずといふことなしとしるべしとさふらひき。

だからです。われわれが犯すほんのちょっとした罪も、宿業――前世からの因縁《いんねん》――によらないものはない、と、親鸞が言われています。わたしたちは自分の自由意志で罪を犯すのではありません。また、自由意志で罪を犯さないのでもありません。罪をつくらないようにしようと思いながら罪をつくる人もいれば、罪をつくろうとしてつくれない人もいます。何一つ、わたしたちの自由になるものはありません。

だとすれば、偽悪者になろうとしてなれるわけではない。本願ぼこりというのは、わざと悪事をする人だとされていますが、わざと悪人になろうとしてなれないのです。それゆえ、本願ぼこりの人もまたその人の因縁によってそうなるのだから、阿弥陀仏はきっとその人を救われるでしょう。唯円はそう言っています。

まあ、それはそうとして、唯円も親鸞の言葉を援用していますが、

くすりあればとて毒をこのむべからず

といった態度が望ましいと思われます。でも、それはあくまで望ましいであって、強力な解毒剤があるからそれに甘えて毒を服《の》む人（それが本願ぼこりです）がいてもいいのです。阿弥陀仏の救済力を信じることが第一であって、信じすぎてわざと悪事をやってのける人がいたっていい。そう親鸞は考えています。それが親鸞の悪人に対する考え方です。『歎異抄』は、そのような親鸞の考え方をわれわれに教えてくれているのです。

二　往生について

『歎異抄』のメイン・テーマは「往生」

『歎異抄《たんにしょう》』といえば、「悪人正機《しょうき》」の教えが有名です。

たしかに、「悪人正機」説も『歎異抄』の重要なテーマです。けれども、『歎異抄』のメイン・テーマは何かと言えば、わたしは、

――往生――

だと思います。この「往生」の思想がまず最初にあって、そのうえで悪人でも往生できるのだろうか……と、『歎異抄』は問いかけているのです。

では、「往生」とは何でしょうか？

〝往生〟という語は、『大辞林』によると、

①《仏》この世を去って、他の世界に生まれ変わること。特に死後、極楽に往《い》って生まれること。「極楽―」②死ぬこと。「―を遂げる」「大―」③抵抗などをあきらめること。断念すること。「いい加減に―しろ」④打開策がみつからなくて非常に困ること。「英語が通じなくて―した」「立ち―」……

といった意味です。

仏教語としての〝往生〟は、もちろん①の意味です。そして、②の「死ぬこと」といった意味が①から出てくることはよくわかります。でも、どうして①から③や④の意味が出てくるのでしょうか……?

これは、伝統的な浄土教においては、正しい信仰を確立し、それでもって死の瞬間に臨み、そこでお念仏を称《とな》える。それを「臨終の一念」と言いますが、その臨終の念仏によって往生が可能になると教えています。にもかかわらず、臨終の場になっても正しい信仰を持たず、おたおたしている。そういうのを、

〝往生際《ぎわ》が悪い〟

と言います。そして、そこからさらにどたん場になってのあきらめの悪さも〝往生際が悪い〟と言われるようになりました。たとえば入学試験で、もう終わりのベルが鳴ったのに、なおも答案用紙に何かを書き込もうとしているのは往生際が悪いのです。逆に〝往生際がいい〟のは、どたん場におけるあきらめのよさです。ですから、〝往生する〟が抵抗などをあきらめ、断念するという意味になったのです。

④のほうは、そのようにあきらめなければならない状況、断念せねばならない状態に置かれることを〝往生する〟と言うわけです。

ところで、いま、「伝統的な浄土教」と言いました。これは、法然《ほうねん》や親鸞《しんらん》以前の浄土の教えです。すなわち平安時代の浄土教です。そこにおいては、臨終に心を乱さないこと、平静な心でもって死を迎えることが重視されました。そうすることによって極楽世界への往生が可能になると信じられていました。

だから、平安時代の貴族たちは、近親者たちが死に往く人と一緒になって念仏を称えて、阿弥陀仏《あみだぶつ》の来迎《らいごう》を待ちます。そのとき、阿弥陀仏の像の手に五色の糸を結び、その糸の片方を死を迎える者が手に持って念仏を称えるのです。それを糸引きの念仏と言いました。

このように、平安時代には、「臨終正念《しょうねん》」といって、命のまさに終わろうとするときの念仏が重んじられました。それによって往生が可能になると信じられていました。

この世にいながらすでに極楽世界の人

往生というのは、本来は、死後に阿弥陀仏の仏国土である極楽世界に往き生まれることです。

けれども、『歎異抄』を注意深く読むと気づくのですが、親鸞は「往生」をそのようには考えていなかったようです。

次の文章は『歎異抄』第一段の冒頭にあるものです。すでに二度にわたって引用しましたが、もう一度読み返してみましょう。じつは『歎異抄』の全体が、この文章に要約されていると言ってもいいほど、この文章は大事なものです。

弥陀《みだ》の誓願不思議にたすけられまひらせて往生をばとぐるなりと信じて、念仏まふさんとおもひたつこゝろのおこるとき、すなはち摂取不捨《せっしゅふしゃ》の利益《りやく》にあづけしめたまふなり。

わたしたちが阿弥陀仏の救済力（弥陀の誓願）に助けられて「往生」を遂げると信じ、念仏しようと思う心が起きた瞬間（すなはち）、わたしたちは救われている（摂取不捨の利益にあづけしめたまふ）のだ——というのです。救われているというのは、まさしく「往生」を遂げているのです。

そうだとすれば、親鸞においては、「往生」は死んだあとで極楽世界に往き生まれることではありません。信心があって、念仏しようと思った瞬間に「往生」しているのです。だから、親鸞の「往生」は臨終とは無関係です。

このような親鸞の考え方を、

——平生業成《へいぜいごうじょう》——

と言います。他力《たりき》の信心を獲得したその瞬間、日常生活の中において「往生」の業因《ごういん》

（原因）が完成しており、極楽世界に往き生まれる身になっているのです。

この「平生業成」に対するものは、

――臨終業成・臨終来迎――

です。往生できるのは臨終であり、臨終に阿弥陀仏がわれわれを迎えに来てくださるという考え方です。

この「臨終来迎」の考え方に対しては、親鸞はこう言っています。


来迎は諸行往生《しょぎょうおう》にあり、自力《じりき》の行者なるがゆゑに。臨終といふことは、諸行往生のひとにいふべし。いまだ真実の信心をえざるがゆゑなり。（『末灯鈔《まっとうしょう》』一）

〝諸行往生〟というのは、いろんな善行を積んで、その善行の功徳によって往生させてもらおうという考え方であって、これは自力の仏教です。しかし親鸞が立っているのは「他力」の立場です。そこにおいては、わたしたちは阿弥陀仏を信じ、阿弥陀仏におまかせするのですから、なんの善行も必要ありません。

そして、臨終のことが気になるのも、自力の考えだからです。たとえば、有名会社に入社したいと思って試験を受けるとします。志願者が一流大学に在籍していて、成績が抜群であるとしても、彼は安心していられません。実際に入社試験を受けて、その発表を見てはじめて安心できるのです。それが臨終来迎です。死に臨んで、阿弥陀仏の来迎があって安心できるのです。それが自力。

しかし、他力の考え方は、その譬《たと》えで言えば、「コネ」で入社するようなものです。阿弥陀仏という有力な手蔓《てづる》があって、「まかせておきなさい」と言われたら、そのまかせた瞬間から入社が決まったようなものです。

あるいは、創業者の息子の立場です。彼はすでに大学に入る前から、父親の会社の一員であると言えましょう。そうすると彼は、父親の会社の重役の自覚でもって、大学生活を送るわけです。

親鸞の考えた「往生」はそのようなものです。われわれはこの世にいながら、すでに極楽世界の一員であります。それが「平生業成」です。

さて、親鸞のこの「平生業成」の思想を教わったとき、われわれは大きな疑問を持ちます。それは、阿弥陀仏が「往生極楽」を約束してくださったのだから、わたしたちはきっとうれしくなるだろう。そして、一刻も早くお浄土に往きたいといった気持ちになるに違いないと考えるのです。

その疑問が、『歎異抄』第九段に問われているものです。

ここで唯円房《ゆいえんぼう》が親鸞聖人《しょうにん》に質問しています。唯円房は『歎異抄』の作者に比定されている人物です。

念仏まふしさふらへども、踊躍歓喜《ゆやくかんぎ》のこゝろおろそかにさふらふこと、またいそぎ浄土へまひりたきこゝろのさふらはぬは、いかにとさふらうべきことにてさふらうやらん

念仏して極楽往生が約束されたならば、当然、われわれは「あら、えっさっさ」と踊りだすほどの喜びに包まれるはずだ。そして急いでお浄土に往きたいと思うはずだ。そう唯円は思っています。にもかかわらず、自分にはその踊躍歓喜のこころもなく、急いでお浄土に往きたいこころもない。いったいこれはどうしたことか？　彼は疑問に思ったのです。そして、その疑問を親鸞にぶつけました。

親鸞はこう答えています。わたしにもその疑問はあった。唯円房よ、そなたも同じ疑問を抱いたのだね、と。

そして、こう言います。

よく〳〵案じみれば、天におどり地におどるほどによろこぶべきことを、よろこばぬにて、いよ〳〵往生は一定《いちじょう》とおもひたまふべきなり。よろこぶべきこゝろをおさへて、よろこばせざるは煩悩《ぼんのう》の所為《しょい》なり。

「往生極楽」が約束されたということ、「往生極楽」が定まったということは、喜ぶべ

きことです。にもかかわらず、わたしたちはそれを喜ぶことができません。なぜか……？と言えば、それは、

――煩悩――

のせいなんです。親鸞はそう言っています。

煩悩というのは、この娑婆《しゃば》世界に対する執着心ですね。極楽世界に往けることを喜ぶべきなのに、われわれは娑婆世界に対する執着心のゆえに、それを喜べません。

けれども、大事なことは、それでいいということなんです。

なにも喜ぶ必要はないのです。

いや、われわれが「往生極楽」を喜ぼうとすれば、それは自力になってしまいます。わたしたちはついつい、阿弥陀仏に救われたと自覚できれば、それを喜び、人間が変わると思ってしまうんですね。いままでは不安いっぱいの生活であったが、「平生業成」の瞬間を境にして安心した生活ができる。人格が変わって、おだやかな人間、落ち着いた宗教的人間になると思っています。

でも、それじゃあ、悪人をやめて善人になることではありませんか。自力の考え方で

はないですか。

親鸞が言っているのは、「煩悩のままに生きなさい」ということではないでしょうか。それは、ちょっと大胆に言えば、「悪人のままに生きなさい」ということだと思います。わたしはそのように受け取っています。

三　『歎異抄』と現代人

心の中にお浄土を持つのが「平生業成」

「平生業成《へいぜいごうじょう》」といえば、われわれは信心が決定《けつじょう》した瞬間に仏に近い存在になったのだと思うかもしれません。でも、それは誤解です。『歎異抄《たんにしょう》』第十五段には、

おほよそ、今生《こんじょう》においては煩悩悪障《ぼんのうあくしょう》を断ぜんこと、きはめてありがたき

と言われています。これは唯円《ゆいえん》の言葉です。そして、同じく第十五段の最後に、

浄土真宗には、今生に本願を信じて、かの土《ど》にしてさとりをばひらくとなら

ひさふらうぞとこそ、故聖人《しょうにん》のおほせにはさふらひしか。

と、唯円は親鸞《しんらん》の言葉を引用しています。この世では本願を信じ、お浄土に往《い》ってから悟りを開くのです。この世においては、煩悩があるままに生きればよいのです。

でも、それじゃあ……と、わたしたちは言いたくなりませんか？　信心をいただく前といただいたあとで、生活になんの変わりもないのであれば、いったい何のための信心なんだ?!　何のための信仰か?!　何のための仏教なんだ?!

じつは、ここのところに『歎異抄』の魅力があるのです。『歎異抄』が現代日本人を惹《ひ》きつける理由は、まさにここのところにあります。

説明の便宜のため、「平生業成」を、

――心の中にお浄土を持つこと――

だとしましょう。心の中に阿弥陀仏《あみだぶつ》を持つこと、心の中に阿弥陀仏の誓願力《せいがんりき》をいただくことと言ってもよいのです。

それに対して、「臨終往生」では、お浄土は死んでから往く世界ですから、この世のどこにもお浄土はないのです。わたしたちの心の中にお浄土はありません。したがって、この世はこの世だけです。

心の中にお浄土があるのとないのではどう違いますか？

お浄土があれば、当然、この世の比重は小さくなります。まあ、こういう表現はちょっと誤解を招きそうですが、この世の中はどうだっていい……と思えるようになります。絶対視しないで済むのです。

ところが、心の中にお浄土を持っていない人にとっては、この世だけしかありませんから、この世の中を絶対視しなければならなくなるのです。

その差はまさに雲泥の差です。

いいですか、親鸞は「煩悩のままに生きればよい」と考えていた――と、わたしは言いました。これは心の中にお浄土を持っている人に対して言ったことです。お浄土に対してこの世の比重は軽いから、この世は「煩悩のままに生きていい」のです。

だが、心の中にお浄土を持っていない人は、煩悩そのものを絶対視しなければなりません。煩悩を絶対視するということは、

一つは……その煩悩を克服しようという生き方になり、

もう一つは……煩悩を肯定し、煩悩の上にあぐらをかいた生き方になります。

前者が自力《じりき》の思想で、後者は偽悪者の生き方、すなわち本願ぼこりになります。いずれにしても窮屈な生き方ですね。

人間が商品化されてしまった現代日本の悲劇

さて、現代日本人です。

現代日本人は無宗教です。無宗教であることを恥じるどころか、むしろ無宗教であることを自慢にしています。いえ、あなたは違いますよ。本書の読者であるあなたは、少なくとも宗教に関心を持っています。しかし、大半の日本人は、宗教に無関心です。

無宗教な現代日本人は、当然、心の中にお浄土を持っていませんから、この世、この人生を絶対視せねばなりません。

いま、多くの日本人が、

「二度とない人生だから……」

と言います。あるいは、
「死んで花実《はなみ》が咲くものか」
「生きているうちが花」
と考えています。そうすると、失敗が許されません。人生にやり直しがきかないのですから。で、失敗をすれば、自殺をするよりほかなくなります。いま日本人の自殺率は世界一になっています。

失敗が許されないということは、裏返しに言えば、われわれはこの人生において成功せねばならないのです。成功が義務づけられています。

ところが、おかしなことに、いったい何をもって「成功」とするのか、その物差しがありません。

いや、物差しはあります。天下公認の物差しがあります。それは、

――貨幣価値・商品価値――

です。現代日本においては、あらゆる物が「商品」として扱われ、その価値が問われます。その結果、人間までが商品にされてしまっています。

だから、親はわが子に一流大学卒という箔《はく》を付けようとします。その箔によってわが子の商品価値を高めるためです。そうすれば、大企業がその子を高い値段で買ってくれるからです。

本来、教育というものは、その子を幸福にしてやろうとするものです。だが日本の教育は、〝人材教育〟といった言葉もあるように、人間を材料にして一個の商品をつくるものになっています。日本の社会がそれだけおかしくなっているのです。

もちろん親は自分を、労働力という商品として売っています。それは資本主義社会ではあたりまえかもしれません。しかし、現代日本人は自分の全人格を会社に売り渡しているのです。全人的・全人格的に商品とされた存在は、まさしく、

——奴隷——

です。日本の労働者はほとんどが会社の奴隷になっています。そういう存在を〝社奴〟と呼びます。〝会社奴隷〟の略語です。あるいは〝社畜〟といった言葉もあります。家に飼われている動物は〝家畜〟ですが、会社に飼われているそれは〝社畜〟と呼ばれます。社奴であるから、かりに企業が法律に違反するようなことをしても、それを

告発できません。見て見ぬ振りをするだけです。

人間が商品にされれば、老いることは労働力の低下であり、商品価値の低下です。老いることはゴミ化であり、そして定年退職をして働けなくなれば、その人は粗大ゴミ扱いを受けます。そういえば、臓器移植の思想も、人間は死ねばゴミになるのであるから廃物であり、その廃物のうち利用できる物は商品として使おうという考えではないでしょうか。

怖《おそ》ろしい社会ですが、その怖ろしさに気づいてもどうすることもできません。人々は負け犬にならないように、粗大ゴミと烙印《らくいん》を押されないように、ただただがんばるだけです。「生涯現役」とほざいている人がいますが、その人は死ぬまで自分の商品価値を維持しておきたいのです。あわれな人ですね。

かくて、その人の商品価値を高めることができれば「成功」です。人々はその「成功」のためにがんばらねばなりませんが、かりにその人が「成功」しても、いつかは「死」が訪れます。そして「死」によって、いかなる人も無価値になってしまいます。その点では、あんがい平等なんですね。

とにもかくにも、現代日本の社会においては、人間は商品化されています。そして、諸悪の根源は、すべてこの人間の商品化にありそうです。

なぜ、そうなったか？　われわれが死後の世界を持たず、この世だけが絶対だと考えるからです。わたしはそう思っています。

この世のことはすべてが「虚仮」

わたしたちが心の中にお浄土を持っていれば——それは、われわれが宗教心を持っていれば、と言うのと同義ですが——、この世を絶対視しないで済むでしょう。ただし、これはこの世（娑婆《しゃば》世界）を軽視するのであって、無視するのではありません。

この点に関しては、親鸞が尊崇した聖徳太子（五七四—六二二）が、

世間虚仮《せけんこけ》　唯仏是真《ゆいぶつぜしん》

の言葉を残しています。この世間は「虚」であり「仮」であり、ただ仏だけが「真」

であるというのです。わたしたちが心の中にお浄土を持ったとき、聖徳太子のこの認識になるでしょう。

われわれは、世の中の役に立つ人になりなさいと教わります。この世だけしかないと思っている人にとって、この世の中で役に立つ人間になることは至上命令です。

ですが、世の中の役に立つ人間とは、どういう人でしょうか。それは、戦時中にあっては敵兵を数多く殺せる人間でしょう。いま現在にあっては、経済活動を活発にやっている人でしょう。ですが、すでに敵兵を数多く殺せる人間の価値は、少なくとも日本においてはゼロになっています。経済活動を活発にすすめた人は、地球の資源を浪費し、エネルギー危機をもたらし、地球環境を破壊した人間として、きっと次の世代の人々から告発されるに違いありません。逆に、現在のホームレスが、地球にやさしかった人として次の時代から表彰状をもらうかもしれません。

要するに世間は虚仮《こけ》なんです。

その虚仮なる世の中で、あの人は善人だ、この人は悪人だと論じてみても仕方がないじゃありませんか。立派な人だ、よくない人だ、世の中の役に立つ人だ、世の中の役に立たない人だ、生きている値打ちのある人だ、生きている値打ちのない人だ、そんなことはどうだっていいのです。

聖人のおほせには、善悪のふたつ惣《そう》じてもて存知せざるなり。そのゆへは、如来の御こゝろによしとおぼしめすほどにしりとをしたらばこそ、よきをしりたるにてもあらめ、如来のあしとおぼしめすほどにしりとをしたらばこそ、あしさをしりたるにてもあらめど、煩悩具足《ぼんのうぐそく》の凡夫、火宅無常の世界は、よろづのことみなもてそらごとたわごと、まことあることなきに、たゞ念仏のみぞまことにておはしますとこそ、おほせはさふらひしか。

『歎異抄』の結文にある親鸞の言葉です。

火宅無常の世界は、すなわちわたしたちが住んでいるこの世は、すべてのことがそらごと、たわごと、まことあることなきです。つまり「世間虚仮」です。

だから、親鸞は言います。善・悪の二つともに関心がない、と。だって、この世の善・悪は「虚仮」のものです。二〇〇三年七月二十七日の善が、翌年には悪になるかもしれないし、現在の悪が未来の善であるかもしれません。そんなものに縛られなくていいのです。真実の善・悪は、ただ阿弥陀仏だけが知っておられます。わたしたちにはわかりません。いや、わからなくていいのです。なぜなら、いかにしても人間の力ではわからないことであれば、わからなくていいのです。

お浄土へのお土産は「美しい思い出」

では、「虚仮」のこの世を、わたしたちはどう生きればよいのでしょうか……？

その問いに関しては、『歎異抄』は具体的に答えてくれていません。わずかに、第九段に、

なごりおしくおもへども、娑婆《しゃば》の縁つきて、ちからなくしておはるときに、
かの土《ど》へはまひるべきなり。

とあるだけです。〝縁〟というのは条件です。娑婆において生きるとき、その条件は人によってさまざまです。ああ生きよ、こう生きよ、と言われても、条件が違うのだから、それができる人とできない人があるはずです。ということは、この娑婆の生きようは、各自がそれぞれ勝手に決めるよりほかありません。つまり、どうだっていいのです。

ただし、このことだけは忘れないでください。

火宅無常の世界は、よろづのことみなもてそらごとたわごと、まことあることなきに、たゞ念仏のみぞまことにておはします

世間は虚仮、念仏が真です。ならば、この世を生きるとき、念仏を忘れないこと。それは換言すれば、心の中にお浄土を持って生きようということです。

そして、わたし自身はこう考えています。わたしたちはいつかお浄土に往くのだから、この娑婆においてわたしたちが考えるべきことは、

――お浄土へのお土産《みやげ》――

を準備することです。心の中にお浄土を持つということは、お浄土へのお土産の準備を忘れずにいることではないでしょうか。

では、何がお浄土へのお土産になるでしょうか……？

金銭はお土産にできません。肩書きや名誉もお土産にはなりません。総理大臣とか社長といったものは、すべて「虚仮」です。この世だけのものです。

お浄土へのお土産は、わたしは、この世でつくった、

――美しい思い出――

だと考えます。だが、勘違いしないでください。〝美しい〟と言っても、この世の物差しで測った美しさではありません。「虚仮」の美しさではないのです。

この世で生きた悲しみ、苦しみ、つらさの思い出こそが、きっとお浄土では〝美しい〟と言われるでしょう。

心の中にお浄土を持つことは、この世の苦しみ、つらさを、お浄土へのお土産としての美しい思い出にできることなんです。そのようなお土産をいっぱいつくって、やがて

娑婆の縁がつきて、力なくして終わるときにお浄土に往き生まれることができます。

『歎異抄』はそのように教えてくれています。わたしは『歎異抄』をそのように読んでいます。

おわりに

『歎異抄《たんにしょう》』は、親鸞聖人《しんらんしょうにん》の没後に、その教えが歪《ゆが》められ、曲解され、親鸞聖人の教えとは異なったものになっている現状を歎《なげ》いてつくられた書物です。では、「歎く」というのは、どのような行為でしょうか。辞書によりますと、〝歎く〟は「深く悲しむ」とありました。『歎異抄』の作者の唯円《ゆいえん》は、現状を深く悲しんでいたのです。

ところが、ある辞書（『学研・現代新国語辞典』改訂第三版）には、

悲しみいきどおる

という意味が出ていました。それを見て、わたしは気づきました。われわれは悲しむだけでは駄目なんだ。『歎異抄』を読むことは、憤《いきどお》ることなんだ、と。

何に憤るのでしょうか……？

いま、親鸞の教えが歪められています。親鸞の教えばかりでなく、仏教そのものが衰退しています。もともと仏教は、われわれに人生の真の意味を教え、世間に迎合せず、世間や国家の奴隷にならずに、自由に、主体的に生きる生き方を教えてくれるものです。しかし、いまの仏教教団は、死者葬儀や追善供養ばかりやっています。そして、世の中に追従・追随し、迎合する生き方しか教えてくれません。親鸞聖人がいちばん嫌ったことをやっているのです。

わたしたちは憤るべきです。

憤りをもって世の中を見れば、われわれが資本主義社会に隷属した生き方を強要されていることがわかります。そして『歎異抄』が、そのような屈辱的な生き方から解放される道を教えてくれているのに気づきます。

わたしは今回、本書を執筆するために『歎異抄』を読み直して、そのことに気づかせていただきました。

合掌

参考文献

金子大栄編『原典校註　真宗聖典』一九六〇、法蔵館
親鸞聖人全集刊行会編『定本親鸞聖人全集』第四巻・言行篇　一九六九、法蔵館
真宗聖典編纂委員会編『真宗聖典』一九七八、東本願寺出版部
浄土真宗聖典編纂委員会編『浄土真宗聖典　歎異抄(現代語版)』一九九八、本願寺出版社

＊

金子大栄『歎異抄』(岩波文庫)一九三一、岩波書店　一九八一、改版
梅原真隆『歎異鈔』(角川文庫)一九五四、角川書店
歎異抄研究会『歎異抄入門』(現代教養文庫)一九六一、社会思想社
増谷文雄『歎異抄』一九六四、筑摩書房　一九九三、ちくま学芸文庫
本多顕彰『歎異抄入門』(カッパ・ブックス)一九六四、光文社
石田瑞麿『歎異抄・執持鈔』(東洋文庫)一九六四、平凡社
伊東慧明『歎異抄の世界』一九六七、文栄堂
野間宏『歎異抄』一九六九、筑摩書房　一九七八、ちくまぶっくす　一九八六、ちくま文庫
梅原猛『歎異抄』一九七二、講談社文庫　二〇〇〇、講談社学術文庫
高史明『一粒の涙を抱きて―歎異抄との出会い』一九七七、毎日新聞社

石田瑞麿『歎異抄』一九八一、春秋社
ひろさちや『入門　歎異抄の読み方』一九八二、日本実業出版社
早島鏡正『歎異抄を読む』一九八六、講談社　一九九二、講談社学術文庫
佐藤正英『歎異抄論註』一九八九、青土社
梅原猛『誤解された歎異抄』一九九〇、光文社　一九九七、光文社文庫
山崎龍明『歎異抄の人間像』一九九一、大蔵出版
高史明『歎異抄のこころ』一九九三、日本放送出版協会　一九九六、ＮＨＫライブラリー
梯實圓『歎異抄』（聖典セミナー）一九九四、本願寺出版社
ひろさちや『わたしの歎異抄』一九九九、鈴木出版
梶村昇『法然の言葉だった「善人なをもて往生をとぐいはんや悪人をや」』一九九九、大東出版社
山折哲雄『悪と往生―親鸞を裏切る歎異抄―』（中公新書）二〇〇〇、中央公論新社

＊

香月院深励『歎異鈔講林記』（「真宗大系」第二三・二四）
妙音院了祥『歎異鈔聞記』（「続真宗大系」別巻）
暁烏敏『歎異抄講話』一九一一、無我山房　一九八一、講談社学術文庫
近角常観『歎異抄愚註』一九三〇～三八、雑誌「信界建現」に連載　一九八一、山喜房仏書林
曾我量深『歎異抄聴記』一九四七、東本願寺出版部
金子大栄『歎異抄聞思録』（上・下）一九四八、全人社

本書は二〇〇三年七月に小社より刊行されました。

|著者| ひろ さちや　1936年大阪市生まれ。東京大学文学部印度哲学科卒業、同大大学院博士課程修了。気象大学校教授を経て、大正大学客員教授、宗教文化研究所所長。『仏教の歴史』（全10巻）をはじめ、『仏教と神道』『日常語からわかる仏教入門』『仏教が教える人生を楽しむ話』『なぜ人間には宗教が必要なのか』『ポケット般若心経』など多数の宗教啓蒙書や人生論で幅広く活躍した。2022年4月逝去。

すらすら読《よ》める歎異抄《たんにしよう》

ひろ さちや

2023年1月17日第1刷発行

発行者——鈴木章一
発行所——株式会社 講談社
東京都文京区音羽2-12-21　〒112-8001
電話 出版 (03) 5395-3510
販売 (03) 5395-5817
業務 (03) 5395-3615

Printed in Japan

講談社文庫
定価はカバーに表示してあります

KODANSHA

デザイン—菊地信義
本文データ制作—講談社デジタル製作
印刷———株式会社KPSプロダクツ
製本———株式会社国宝社

ISBN978-4-06-530248-4

講談社文庫刊行の辞

二十一世紀の到来を目睫に望みながら、われわれはいま、人類史上かつて例を見ない巨大な転換期をむかえようとしている。

世界も、日本も、激動の予兆に対する期待とおののきを内に蔵して、未知の時代に歩み入ろうとしている。このときにあたり、創業の人野間清治の「ナショナル・エデュケイター」への志を現代に甦らせようと意図して、われわれはここに古今の文芸作品はいうまでもなく、ひろく人文・社会・自然の諸科学から東西の名著を網羅する、新しい綜合文庫の発刊を決意した。

激動の転換期はまた断絶の時代である。われわれは戦後二十五年間の出版文化のありかたへの深い反省をこめて、この断絶の時代にあえて人間的な持続を求めようとする。いたずらに浮薄な商業主義のあだ花を追い求めることなく、長期にわたって良書に生命をあたえようとつとめるところにしか、今後の出版文化の真の繁栄はあり得ないと信じるからである。

同時にわれわれはこの綜合文庫の刊行を通じて、人文・社会・自然の諸科学が、結局人間の学にほかならないことを立証しようと願っている。かつて知識とは、「汝自身を知る」ことにつきていた。現代社会の瑣末な情報の氾濫のなかから、力強い知識の源泉を掘り起し、技術文明のただなかに、生きた人間の姿を復活させること。それこそわれわれの切なる希求である。

われわれは権威に盲従せず、俗流に媚びることなく、渾然一体となって日本の「草の根」をかたちづくる若く新しい世代の人々に、心をこめてこの新しい綜合文庫をおくり届けたい。それは知識の泉であるとともに感受性のふるさとであり、もっとも有機的に組織され、社会に開かれた万人のための大学をめざしている。大方の支援と協力を衷心より切望してやまない。

一九七一年七月

野間省一

芥川龍之介 藪の中
有吉佐和子 新装版 和宮様御留
阿刀田 高 ナポレオン狂
阿刀田 高 新装版 ブラック・ジョーク大全
安房直子 春の窓〈安房直子ファンタジー〉
相沢忠洋 「岩宿」の発見〈幻の旧石器を求めて〉
赤川次郎 偶像崇拝殺人事件
赤川次郎 人間消失殺人事件
赤川次郎 三姉妹探偵団
赤川次郎 三姉妹探偵団2〈キャンパス篇〉
赤川次郎 三姉妹探偵団3〈珠美・初恋篇〉
赤川次郎 三姉妹探偵団4〈怪奇篇〉
赤川次郎 三姉妹探偵団5〈復讐篇〉
赤川次郎 三姉妹探偵団6〈危機一髪篇〉
赤川次郎 三姉妹探偵団7〈駈け落ち篇〉
赤川次郎 三姉妹探偵団8〈人質篇〉
赤川次郎 三姉妹探偵団9〈青ひげ篇〉
赤川次郎 三姉妹探偵団10〈父恋し篇〉
赤川次郎 死が小径をやってくる〈三姉妹探偵団11〉

赤川次郎 死神のお気に入り〈三姉妹探偵団12〉
赤川次郎 次女と野獣〈三姉妹探偵団13〉
赤川次郎 心地よい悪夢〈三姉妹探偵団14〉
赤川次郎 ふるえて眠れ、三姉妹〈三姉妹探偵団15〉
赤川次郎 三姉妹、呪いの道行〈三姉妹探偵団16〉
赤川次郎 三姉妹、初めてのおつかい〈三姉妹探偵団17〉
赤川次郎 恋の花咲く三姉妹〈三姉妹探偵団18〉
赤川次郎 月もおぼろに三姉妹〈三姉妹探偵団19〉
赤川次郎 三姉妹、ふしぎな旅日記〈三姉妹探偵団20〉
赤川次郎 三姉妹、清く貧しく美しく〈三姉妹探偵団21〉
赤川次郎 三姉妹と忘れじの面影〈三姉妹探偵団22〉
赤川次郎 三姉妹、舞踏会への招待〈三姉妹探偵団23〉
赤川次郎 三人姉妹殺人事件〈三姉妹探偵団24〉
赤川次郎 三姉妹、さびしい入江の歌〈三姉妹探偵団25〉
赤川次郎 三姉妹、恋と罪の峡谷〈三姉妹探偵団26〉
赤川次郎 静かな町の夕暮に
赤川次郎 キネマの天使〈レンズの奥の殺人者〉
新井素子 グリーン・レクイエム〈新装版〉
安能 務 訳 封神演義 全三冊

安西水丸 東京美女散歩
綾辻行人 殺人方程式〈切断された死体の問題〉
綾辻行人 鳴風荘事件 殺人方程式II
綾辻行人 十角館の殺人〈新装改訂版〉
綾辻行人 水車館の殺人〈新装改訂版〉
綾辻行人 迷路館の殺人〈新装改訂版〉
綾辻行人 人形館の殺人〈新装改訂版〉
綾辻行人 時計館の殺人〈新装改訂版〉
綾辻行人 黒猫館の殺人〈新装改訂版〉
綾辻行人 暗黒館の殺人 全四冊
綾辻行人 びっくり館の殺人
綾辻行人 奇面館の殺人(上)(下)
綾辻行人 どんどん橋、落ちた〈新装改訂版〉
綾辻行人 緋色の囁き〈新装改訂版〉
綾辻行人 暗闇の囁き〈新装改訂版〉
綾辻行人 黄昏の囁き〈新装改訂版〉
綾辻行人 人間じゃない〈完全版〉
綾辻行人ほか 7人の名探偵
我孫子武丸 探偵映画

講談社文庫　目録

我孫子武丸　新装版 8の殺人
我孫子武丸　眠り姫とバンパイア
我孫子武丸　狼と兎のゲーム
我孫子武丸　新装版 殺戮にいたる病
有栖川有栖　ロシア紅茶の謎
有栖川有栖　スウェーデン館の謎
有栖川有栖　ブラジル蝶の謎
有栖川有栖　英国庭園の謎
有栖川有栖　ペルシャ猫の謎
有栖川有栖　幻想運河
有栖川有栖　マレー鉄道の謎
有栖川有栖　スイス時計の謎
有栖川有栖　モロッコ水晶の謎
有栖川有栖　インド倶楽部の謎
有栖川有栖　カナダ金貨の謎
有栖川有栖　新装版 マジックミラー
有栖川有栖　新装版 46番目の密室
有栖川有栖　虹果て村の秘密
有栖川有栖　闇の喇《らっ》叭《ぱ》
有栖川有栖　真夜中の探偵
有栖川有栖　論理爆弾
有栖川有栖　名探偵傑作短篇集 火村英生篇
浅田次郎　勇気凜凜ルリの色
浅田次郎　霞町物語
浅田次郎　ひとは情熱がなければ生きていけない〈勇気凜凜ルリの色〉
浅田次郎　シェエラザード(上)(下)
浅田次郎　歩兵の本領
浅田次郎　蒼穹の昴 全四巻
浅田次郎　珍妃の井戸
浅田次郎　中原の虹 全四巻
浅田次郎　マンチュリアン・リポート
浅田次郎　天《てん》子《し》蒙《もう》塵《じん》 全四巻
浅田次郎　天国までの百マイル
浅田次郎　地《メ》下《ト》鉄《ロ》に乗って〈新装版〉
浅田次郎　おもかげ
浅田次郎　日輪の遺産〈新装版〉
青木玉　小石川の家
天樹征丸　画・さとうふみや　金田一少年の事件簿 小説版〈オペラ座館・新たなる殺人〉
天樹征丸　画・さとうふみや　金田一少年の事件簿 小説版〈雷《いかずち》祭《まつり》殺人事件〉
阿部和重　アメリカの夜
阿部和重　グランド・フィナーレ
阿部和重　A B C〈阿部和重初期作品集〉
阿部和重　ミステリアスセッティング
阿部和重　IP/NN 阿部和重傑作集
阿部和重　シンセミア(上)(下)
阿部和重　ピストルズ(上)(下)
甘糟りり子　産む、産まない、産めない
甘糟りり子　産まなくても、産めなくても
赤井三尋　翳《かげ》りゆく夏
あさのあつこ　NO.6〔ナンバーシックス〕#1
あさのあつこ　NO.6〔ナンバーシックス〕#2
あさのあつこ　NO.6〔ナンバーシックス〕#3
あさのあつこ　NO.6〔ナンバーシックス〕#4
あさのあつこ　NO.6〔ナンバーシックス〕#5
あさのあつこ　NO.6〔ナンバーシックス〕#6
あさのあつこ　NO.6〔ナンバーシックス〕#7
あさのあつこ　NO.6〔ナンバーシックス〕#8

あさのあつこ　NO.6〔ナンバーシックス〕#9
あさのあつこ　NO.6beyond〔ナンバーシックス・ビヨンド〕
あさのあつこ　待　っ　て　る〈橘屋草子〉
あさのあつこ　さいとう市立さいとう高校野球部(上)(下)
あさのあつこ　甲子園でエースしちゃいました〈さいとう市立さいとう高校野球部〉
あさのあつこ　おれが先輩？〈さいとう市立さいとう高校野球部〉
阿部夏丸　泣けない魚たち
朝倉かすみ　肝、焼ける
朝倉かすみ　好かれようとしない
朝倉かすみ　ともしびマーケット
朝倉かすみ　感　応　連　鎖
朝倉かすみ　たそがれどきに見つけたもの
朝比奈あすか　憂鬱なハスビーン
朝比奈あすか　あの子が欲しい
天野作市　気　高　き　昼　寝
天野作市　みんなの旅行
青柳碧人　浜村渚の計算ノート
青柳碧人　浜村渚の計算ノート　2さつめ〈ふしぎの国の期末テスト〉
青柳碧人　浜村渚の計算ノート　3さつめ〈水色コンパスと恋する幾何学〉
青柳碧人　浜村渚の計算ノート　3と1/2さつめ〈ふえるま島の最終定理〉
青柳碧人　浜村渚の計算ノート　4さつめ〈方程式は歌声に乗って〉
青柳碧人　浜村渚の計算ノート　5さつめ〈鳴くよウグイス、平面上〉
青柳碧人　浜村渚の計算ノート　6さつめ〈パピルスよ、永遠に〉
青柳碧人　浜村渚の計算ノート　7さつめ〈悪魔とポタージュスープ〉
青柳碧人　浜村渚の計算ノート　8さつめ〈虚数じかけの夏みかん〉
青柳碧人　浜村渚の計算ノート　8と2分の1さつめ〈つるかめ家の一族〉
青柳碧人　浜村渚の計算ノート　9さつめ〈恋人たちの必勝法《マーチンゲール》〉
青柳碧人　霊視刑事夕雨子《ゆうこ》1〈誰かがそこにいる〉
青柳碧人　霊視刑事夕雨子2〈雨空の鎮魂歌《レクイエム》〉
朝井まかて　花《はな》　競《くら》　べ〈向嶋なずな屋繁盛記〉
朝井まかて　ちゃんちゃら
朝井まかて　す　か　た　ん
朝井まかて　ぬけまいる
朝井まかて　恋　　歌
朝井まかて　阿《お》蘭《らん》陀《だ》西《さい》鶴《かく》
朝井まかて　藪《やぶ》医《い》　ふらここ堂
朝井まかて　福　　袋
朝井まかて　草　々　不　一
歩《あゆみ》りえこ　ブラを捨て旅に出よう〈貧乏乙女の〝世界一周〟旅行記〉
安藤祐介　営業零《ぜろ》課《か》接待班
安藤祐介　被取締役《とりしまられやく》新入社員
安藤祐介　お　い！　山　田〈大翔製菓広報宣伝部〉
安藤祐介　宝くじが当たったら
安藤祐介　一〇〇〇ヘクトパスカル
安藤祐介　テノヒラ幕府株式会社
安藤祐介　本のエンドロール
青木　理　絞　首　刑
麻見和史　石　の　繭〈警視庁殺人分析班〉
麻見和史　蟻《あり》の階段〈警視庁殺人分析班〉
麻見和史　水晶の鼓動〈警視庁殺人分析班〉
麻見和史　虚空の糸〈警視庁殺人分析班〉
麻見和史　聖者の凶数〈警視庁殺人分析班〉
麻見和史　女神の骨格〈警視庁殺人分析班〉
麻見和史　蝶の力学〈警視庁殺人分析班〉
麻見和史　雨色の仔羊〈警視庁殺人分析班〉
麻見和史　奈落の偶像〈警視庁殺人分析班〉
麻見和史　鷹《たか》の砦《とりで》〈警視庁殺人分析班〉

講談社文庫　目録

麻見和史　凪《なぎ》の残響〈警視庁殺人分析班〉
麻見和史　天空の鏡〈警視庁殺人分析班〉
麻見和史　深紅の断片〈警防課救命チーム〉
麻見和史　邪神の天秤〈警視庁公安分析班〉
麻見和史　偽神の審判〈警視庁公安分析班〉
有川　浩　三匹のおっさん
有川　浩　三匹のおっさん　ふたたび
有川　浩　ヒア・カムズ・ザ・サン
有川　浩　旅猫リポート
有川ひろ　アンマーとぼくら
有川ひろほか　ニャンニャンにゃんそろじー
荒崎一海　門前仲町〈九頭竜覚山　浮世綴(一)〉
荒崎一海　蓬莱橋雨景〈九頭竜覚山　浮世綴(二)〉
荒崎一海　寺町哀感〈九頭竜覚山　浮世綴(三)〉
荒崎一海　小《お》名《な》木《き》川《がわ》〈九頭竜覚山　浮世綴(四)〉
荒崎一海　一色町雪花〈九頭竜覚山　浮世綴(五)〉
朱野帰《かえる》子《こ》　駅物語
朱野帰子　対岸の家事
東　浩紀　一般意志2・0〈ルソー、フロイト、グーグル〉
朝倉宏景　白球アフロ
朝倉宏景　野球部ひとり
朝倉宏景　つよく結べ、ポニーテール
朝倉宏景　あめつちのうた
朝井リョウ　スペードの3
朝井リョウ　世にも奇妙な君物語
有沢ゆう希　末次由紀　原作　ちはやふる　上の句〈小説〉
有沢ゆう希　末次由紀　原作　ちはやふる　下の句〈小説〉
有沢ゆう希　末次由紀　原作　ちはやふる　結び〈小説〉
有沢ゆう希　小説　パーフェクトワールド〈君といる奇跡〉
有沢ゆう希　原作：金田一蓮十郎　脚本：徳永友一　小説　ライアー×ライアー
秋川滝美　幸《こう》腹《ふく》な百貨店
秋川滝美　幸腹な百貨店〈デパ地下おにぎり騒動〉
秋川滝美　幸腹な百貨店〈催事場で蕎麦屋呑み〉
秋川滝美　マチのお気楽料理教室
秋川滝美　ヒソップ亭〈湯けむり食事処〉
赤神　諒　神遊の城
赤神　諒　大友二階崩れ
赤神　諒　大友落月記
赤神　諒　酔象の流儀　朝倉盛衰記
赤神　諒　空《うつせ》貝《がい》〈村上水軍の神姫《しんき》〉
赤神　諒　立花三将伝
彩瀬まる　やがて海へと届く
浅生　鴨　伴走者
天野純希　有楽斎の戦
天野純希　雑賀《さいか》のいくさ姫《ひめ》
青木祐子　コーチ！〈はげまし屋・立花ことりのクライアントファイル〉
秋《あき》保《う》水《すい》菓《か》　コンビニなしでは生きられない
相沢沙呼　medium《メディウム》　霊媒探偵城塚翡翠《じょうづかひすい》
新井見枝香　本屋の新井
碧野　圭　凛として弓を引く
碧野　圭　凛として弓を引く〈青雲篇〉
赤松利市　東京棄民
五木寛之　ソフィアの秋
五木寛之　狼のブルース
五木寛之　海峡物語
五木寛之　風花のひと
五木寛之　鳥の歌(上)(下)

講談社文庫　目録

五木寛之　燃える秋
五木寛之　真夜中の望遠鏡〈流されゆく日々'78〉
五木寛之　ナホトカ青春航路〈流されゆく日々'79〉
五木寛之　旅の幻燈
五木寛之　他力
五木寛之　こころの天気図
五木寛之　新装版 恋歌
五木寛之　百寺巡礼 第一巻 奈良
五木寛之　百寺巡礼 第二巻 北陸
五木寛之　百寺巡礼 第三巻 京都Ⅰ
五木寛之　百寺巡礼 第四巻 滋賀・東海
五木寛之　百寺巡礼 第五巻 関東・信州
五木寛之　百寺巡礼 第六巻 関西
五木寛之　百寺巡礼 第七巻 東北
五木寛之　百寺巡礼 第八巻 山陰・山陽
五木寛之　百寺巡礼 第九巻 京都Ⅱ
五木寛之　百寺巡礼 第十巻 四国・九州
五木寛之　海外版 百寺巡礼 インド1
五木寛之　海外版 百寺巡礼 インド2

五木寛之　海外版 百寺巡礼 朝鮮半島
五木寛之　海外版 百寺巡礼 中国
五木寛之　海外版 百寺巡礼 ブータン
五木寛之　海外版 百寺巡礼 日本・アメリカ
五木寛之　青春の門 第七部 挑戦篇
五木寛之　青春の門 第八部 風雲篇
五木寛之　青春の門 第九部 漂流篇
五木寛之　親鸞 青春篇(上)(下)
五木寛之　親鸞 激動篇(上)(下)
五木寛之　親鸞 完結篇(上)(下)
五木寛之　五木寛之の金沢さんぽ
五木寛之　海を見ていたジョニー 新装版
井上ひさし　モッキンポット師の後始末
井上ひさし　ナイン
井上ひさし　四千万歩の男 全五冊
井上ひさし　四千万歩の男 忠敬の生き方
井上ひさし・司馬遼太郎　新装版 国家・宗教・日本人
池波正太郎　私の歳月
池波正太郎　よい匂いのする一夜

池波正太郎　梅安料理ごよみ
池波正太郎　わが家の夕めし
池波正太郎　新装版 緑のオリンピア
池波正太郎　新装版 殺しの四人〈仕掛人・藤枝梅安㈠〉
池波正太郎　新装版 梅安蟻地獄〈仕掛人・藤枝梅安㈡〉
池波正太郎　新装版 梅安最合傘〈仕掛人・藤枝梅安㈢〉
池波正太郎　新装版 梅安針供養〈仕掛人・藤枝梅安㈣〉
池波正太郎　新装版 梅安乱れ雲〈仕掛人・藤枝梅安㈤〉
池波正太郎　新装版 梅安影法師〈仕掛人・藤枝梅安㈥〉
池波正太郎　新装版 梅安冬時雨〈仕掛人・藤枝梅安㈦〉
池波正太郎　新装版 忍びの女(上)(下)
池波正太郎　新装版 殺しの掟
池波正太郎　新装版 抜討ち半九郎
池波正太郎　新装版 娼婦の眼
池波正太郎　近藤勇白書〈レジェンド歴史時代小説〉(上)(下)
井上　靖　楊貴妃伝
石牟礼道子　新装版 苦《く》海《がい》浄《じょう》土《ど》〈わが水俣病〉
いわさきちひろ　ちひろのことば
いわさきちひろ・松本　猛　いわさきちひろの絵と心

いわさきちひろ絵本美術館編 ちひろ・子どもの情景〈文庫ギャラリー〉
いわさきちひろ絵本美術館編 ちひろ・紫のメッセージ〈文庫ギャラリー〉
いわさきちひろ絵本美術館編 ちひろの花ことば〈文庫ギャラリー〉
いわさきちひろ絵本美術館編 ちひろのアンデルセン〈文庫ギャラリー〉
いわさきちひろ絵本美術館編 ちひろ・平和への願い〈文庫ギャラリー〉
石野径一郎 新装版 ひめゆりの塔
今西錦司 生物の世界
井沢元彦 義経幻殺録
井沢元彦 光と影の武蔵〈切支丹秘録〉
井沢元彦 新装版 猿丸幻視行
伊集院 静 乳房
伊集院 静 遠い昨日
伊集院 静 夢は枯野を〈競輪躁鬱旅行〉
伊集院 静 野球で学んだこと ヒデキ君に教わったこと
伊集院 静 峠の声
伊集院 静 白秋
伊集院 静 潮流
伊集院 静 冬の蜻蛉《とんぼ》
伊集院 静 オルゴール
伊集院 静 昨日スケッチ
伊集院 静 あづま橋
伊集院 静 ぼくのボールが君に届けば
伊集院 静 駅までの道をおしえて
伊集院 静 受け月
伊集院 静 坂の上のμ〈野球小説アンソロジー〉
伊集院 静 ねむりねこ
伊集院 静 新装版 三年坂
伊集院 静 お父やんとオジさん(上)(下)
伊集院 静 ノボさん〈小説 正岡子規と夏目漱石〉(上)(下)
伊集院 静 機関車先生〈新装版〉
いとうせいこう 我々の恋愛
いとうせいこう 「国境なき医師団」を見に行く
井上夢人 ダレカガナカニイル…
井上夢人 プラスティック
井上夢人 オルファクトグラム(上)(下)
井上夢人 もつれっぱなし
井上夢人 あわせ鏡に飛び込んで
井上夢人 魔法使いの弟子たち(上)(下)
井上夢人 ラバー・ソウル
池井戸 潤 果つる底なき
池井戸 潤 架空通貨
池井戸 潤 銀行狐
池井戸 潤 仇敵
池井戸 潤 BT'63(上)(下)
池井戸 潤 空飛ぶタイヤ(上)(下)
池井戸 潤 鉄の骨
池井戸 潤 新装版 銀行総務特命
池井戸 潤 新装版 不祥事
池井戸 潤 ルーズヴェルト・ゲーム
池井戸 潤 半沢直樹1〈オレたちバブル入行組〉
池井戸 潤 半沢直樹2〈オレたち花のバブル組〉
池井戸 潤 半沢直樹3〈ロスジェネの逆襲〉
池井戸 潤 半沢直樹4〈銀翼のイカロス〉
池井戸 潤 花咲舞が黙ってない〈新装増補版〉
池井戸 潤 ノーサイド・ゲーム
石田衣良 LAST［ラスト］
石田衣良 東京DOLL

石田衣良　てのひらの迷路
石田衣良　40《フォーティ》 翼ふたたび
石田衣良　s e x
石田衣良　逆《さか》島《しま》断《たつ》雄《お》〈進駐官養成高校の決闘編1〉
石田衣良　逆島断雄〈進駐官養成高校の決闘編2〉
石田衣良　逆島断雄〈本土最終防衛決戦編1〉
石田衣良　逆島断雄〈本土最終防衛決戦編2〉
石田衣良　初めて彼を買った日
井上荒野　ひどい感じ—父・井上光晴
稲葉稔　椋鳥の影〈八丁堀手控え帖〉
伊坂幸太郎　チルドレン
伊坂幸太郎　魔王
伊坂幸太郎　モダンタイムス(上)(下)
伊坂幸太郎　P K
伊坂幸太郎　サブマリン
絲山秋子　袋小路の男
石黒耀　死都日本
石黒耀　忠臣蔵異聞〈家老 大野九郎兵衛の長い仇討ち〉
犬飼六岐　筋違い半介

犬飼六岐　吉岡清三郎貸腕帳
石川大我　ボクの彼氏はどこにいる?
石松宏章　マジでガチなボランティア
伊東潤　国を蹴った男
伊東潤　峠越え
伊東潤　黎明に起《た》つ
伊東潤　池田屋乱刃
石飛幸三　「平穏死」のすすめ〈口から食べられなくなったらどうしますか〉
伊藤理佐　女のはしょり道
伊藤理佐　また! 女のはしょり道
伊藤理佐　みたび! 女のはしょり道
石黒正数　外《げ》天《てん》楼《ろう》
伊与原新　ルカの方《はこ》舟《ぶね》
伊与原新　コンタミ 科学汚染
稲葉圭《よし》昭《あき》　恥さらし〈北海道警 悪徳刑事の告白〉
稲葉博《ひろ》一《いち》　忍者烈伝
稲葉博一　忍者烈伝ノ続
稲葉博一　忍者烈伝ノ乱〈天之巻〉〈地之巻〉
伊岡瞬　桜の花が散る前に

石川智健　エウレカの確率〈経済学捜査と殺人の効用〉
石川智健　60《ロクジュウ》〈誤判対策室〉
石川智健　20《ニジュウ》〈誤判対策室〉
石川智健　第三者隠蔽機関
石川智健　いたずらにモテる刑事の捜査報告書
井上真《ま》偽《ぎ》　その可能性はすでに考えた
井上真偽　聖女の毒杯〈その可能性はすでに考えた〉
井上真偽　恋と禁忌の述語論理《プレディケット》
泉ゆたか　お師匠さま、整いました!
泉ゆたか　お江戸けもの医 毛玉堂
泉ゆたか　玉《たま》の輿《こし》猫〈お江戸けもの医 毛玉堂〉
伊兼源太郎　地検のS
伊兼源太郎　Sが泣いた日〈地検のS〉
伊兼源太郎　Sの幕引き〈地検のS〉
伊兼源太郎　巨悪
伊兼源太郎　金庫番の娘
逸木裕　電気じかけのクジラは歌う
今村翔吾　イクサガミ 天
入月英一　信長と征《ゆ》く 1・2〈転生商人の天下取り〉

磯田道史　歴史とは靴である
石原慎太郎　湘南夫人
井戸川射子　ここはとても速い川
内田康夫　シーラカンス殺人事件
内田康夫　パソコン探偵の名推理
内田康夫　「横山大観」殺人事件
内田康夫　江田島殺人事件
内田康夫　琵琶湖周航殺人歌
内田康夫　夏泊殺人岬
内田康夫　「信濃の国」殺人事件
内田康夫　風葬の城
内田康夫　透明な遺書
内田康夫　鞆《とも》の浦《うら》殺人事件
内田康夫　終幕《フィナーレ》のない殺人
内田康夫　御堂筋殺人事件
内田康夫　記憶の中の殺人
内田康夫　北国街道殺人事件
内田康夫　「紅藍《くれない》の女《ひと》」殺人事件
内田康夫　「紫《むらさき》の女《ひと》」殺人事件
内田康夫　藍色回廊殺人事件
内田康夫　明日香の皇子
内田康夫　華の下にて
内田康夫　黄金の石橋
内田康夫　靖国への帰還
内田康夫　不等辺三角形
内田康夫　ぼくが探偵だった夏
内田康夫　逃げろ光彦〈内田康夫と5人の女たち〉
内田康夫　悪魔の種子
内田康夫　戸隠伝説殺人事件
内田康夫　新装版 死者の木霊
内田康夫　新装版 漂泊の楽人
内田康夫　新装版 平城山《ならやま》を越えた女
内田康夫　秋田殺人事件
内田康夫　孤道
和久井清水　孤道 完結編〈金色の眠り〉
内田康夫　イーハトーブの幽霊
歌野晶午　死体を買う男
歌野晶午　安達ヶ原の鬼密室
歌野晶午　新装版 長い家の殺人
歌野晶午　新装版 白い家の殺人
歌野晶午　新装版 動く家の殺人
歌野晶午　密室殺人ゲーム王手飛車取り
歌野晶午　新装版 ROMMY 越境者の夢
歌野晶午　増補版 放浪探偵と七つの殺人
歌野晶午　新装版 正月十一日、鏡殺し
歌野晶午　密室殺人ゲーム2.0
歌野晶午　密室殺人ゲーム・マニアックス
歌野晶午　魔王城殺人事件
内館牧子　終わった人
内館牧子　別れてよかった〈新装版〉
内館牧子　すぐ死ぬんだから
内田洋子　皿の中に、イタリア
宇江佐真理　泣きの銀次
宇江佐真理　晩鐘〈続・泣きの銀次〉
宇江佐真理　虚ろ舟〈泣きの銀次参之章〉
宇江佐真理　室の梅〈おろく医者覚え帖〉
宇江佐真理　涙堂〈琴女癸酉《ことじょきゆう》日記《にっき》〉

宇江佐真理　あやめ横丁の人々
宇江佐真理　卵のふわふわ　八丁堀喰い物草紙・江戸前でもなし
宇江佐真理　日本橋本石町やさぐれ長屋
浦賀和宏　眠りの牢獄
上野哲也　五五五文字の巡礼〈魏志倭人伝トーク　地理篇〉
魚住　昭　渡邉恒雄　メディアと権力
魚住　昭　野中広務　差別と権力
魚住直子　非・バランス
魚住直子　未・フレンズ
魚住直子　ピンクの神様
上田秀人　密封〈奥右筆秘帳〉
上田秀人　国禁〈奥右筆秘帳〉
上田秀人　侵蝕〈奥右筆秘帳〉
上田秀人　継承〈奥右筆秘帳〉
上田秀人　簒《さん》奪《だつ》〈奥右筆秘帳〉
上田秀人　秘闘〈奥右筆秘帳〉
上田秀人　隠密〈奥右筆秘帳〉
上田秀人　刃傷〈奥右筆秘帳〉
上田秀人　召《めし》抱《かかえ》〈奥右筆秘帳〉
上田秀人　墨《ぼっ》痕《こん》〈奥右筆秘帳〉
上田秀人　天下〈奥右筆秘帳〉
上田秀人　決戦〈奥右筆秘帳〉
上田秀人　前夜〈奥右筆外伝〉
上田秀人　軍師の挑戦〈上田秀人初期作品集〉
上田秀人　天主信長〈表〉〈我こそ天下なり〉
上田秀人　天主信長〈裏〉〈天を望むなかれ〉
上田秀人　波乱〈百万石の留守居役(一)〉
上田秀人　思惑〈百万石の留守居役(二)〉
上田秀人　新参〈百万石の留守居役(三)〉
上田秀人　遺臣〈百万石の留守居役(四)〉
上田秀人　密約〈百万石の留守居役(五)〉
上田秀人　使者〈百万石の留守居役(六)〉
上田秀人　貸借〈百万石の留守居役(七)〉
上田秀人　参勤〈百万石の留守居役(八)〉
上田秀人　因果〈百万石の留守居役(九)〉
上田秀人　忖《そん》度《たく》〈百万石の留守居役(十)〉
上田秀人　騒動〈百万石の留守居役(十一)〉
上田秀人　分断〈百万石の留守居役(十二)〉
上田秀人　舌戦〈百万石の留守居役(十三)〉
上田秀人　愚劣〈百万石の留守居役(十四)〉
上田秀人　布石〈百万石の留守居役(十五)〉
上田秀人　乱麻〈百万石の留守居役(十六)〉
上田秀人　要《よう》訣《けつ》〈百万石の留守居役(十七)〉
上田秀人　梟《ふくろう》の系譜〈宇喜多四代〉
上田秀人　竜は動かず　奥羽越列藩同盟顛末　(上)万里波濤編　(下)帰郷奔走編
上田秀人　戦端〈武商繚乱記(一)〉
内田　樹　下流志向〈学ばない子どもたち　働かない若者たち〉
内田　樹　釈　徹宗　現代霊性論
上橋菜穂子　獣の奏者〈Ⅰ闘蛇編〉
上橋菜穂子　獣の奏者〈Ⅱ王獣編〉
上橋菜穂子　獣の奏者〈Ⅲ探求編〉
上橋菜穂子　獣の奏者〈Ⅳ完結編〉
上橋菜穂子　獣の奏者〈外伝　刹那〉
上橋菜穂子　物語ること、生きること
上橋菜穂子　明日は、いずこの空の下
上野　誠　万葉学者、墓をしまい母を送る
海猫沢めろん　愛についての感じ

講談社文庫　目録

海猫沢めろん　キッズファイヤー・ドットコム
冲方　丁　戦　の　国
上田岳弘　ニ　ム　ロ　ッ　ド
上野　歩　キリの理容室
内田英治　異動辞令は音楽隊！
遠藤周作　ぐうたら人間学
遠藤周作　聖書のなかの女性たち
遠藤周作　さらば、夏の光よ
遠藤周作　最後の殉教者
遠藤周作　反　　逆　(上)(下)
遠藤周作　ひとりを愛し続ける本
遠藤周作　周　作　塾〈読んでもタメにならないエッセイ〉
遠藤周作　新装版　海　と　毒　薬
遠藤周作　新装版　わたしが・棄てた・女
遠藤周作　深い河《ディープ・リバー》〈新装版〉
江波戸哲夫　新装版　銀行支店長
江波戸哲夫　集　団　左　遷
江波戸哲夫　新装版　ジャパン・プライド
江波戸哲夫　起　業　の　星
江波戸哲夫　ビジネスウォーズ〈カリスマと戦犯〉
江波戸哲夫　リストラ事変〈ビジネスウォーズ2〉
江上　剛　頭　取　無　惨
江上　剛　企　業　戦　士
江上　剛　リベンジ・ホテル
江上　剛　起　死　回　生
江上　剛　瓦礫の中のレストラン
江上　剛　非　情　銀　行
江上　剛　東京タワーが見えますか。
江上　剛　慟　哭　の　家
江上　剛　家　電　の　神　様
江上　剛　ラストチャンス　再生請負人
江上　剛　ラストチャンス　参謀のホテル
江上　剛　一緒にお墓に入ろう
江國香織　真昼なのに昏《くら》い部屋
江國香織他　100万分の1回のねこ
円城　塔　道　化　師　の　蝶
江原啓之　スピリチュアルな人生に目覚めるために〈心に「人生の地図」を持つ〉
江原啓之　ト　ラ　ウ　マ　あなたが生まれてきた理由
大江健三郎　新しい人よ眼ざめよ
大江健三郎　取り替え子《チェンジリング》
大江健三郎　晩年様式集《イン・レイト・スタイル》
小田　実　何でも見てやろう
沖　守弘　マザー・テレサ〈あふれる愛〉
岡嶋二人　解決まではあと6人〈5W1H殺人事件〉
岡嶋二人　99％の誘拐
岡嶋二人　クラインの壺
岡嶋二人　ダブル・プロット
岡嶋二人　新装版　焦茶色のパステル
岡嶋二人　チョコレートゲーム　新装版
岡嶋二人　そして扉が閉ざされた〈新装版〉
太田蘭三　殺《さつ》・風《ぷう》・景《けい》〈警視庁北多摩署特捜本部〉
大前研一　企　業　参　謀　正・続
大前研一　やりたいことは全部やれ！
大前研一　考　え　る　技　術
大沢在昌　野　獣　駆　け　ろ
大沢在昌　相続人TOMOKO
大沢在昌　ウォームハート　コールドボディ

2022年12月15日現在